도쿄 도東京都 미나토 구港區 이사라고伊皿子 패총의 발굴 전 모습(위)과 패층貝層의 표면을 전면 노출한 발굴 후 모습(아래) | 녹청색 지붕의 건물(화살표)이 미쓰이三井 가의 저택인데, 공터의 지표 아래에 패총이 보존되어 있었다. 아래 사진에서 패층 가운데 보이는 큰 도랑(화살표)은 야요이시대彌生時代의 방형주구묘方形周溝墓이다.

패총의 고고학

貝塚の考古學
KAIZUKA NO KOKOGAKU
by Kimio Suzuki

Copyright © 1989 by Kimio Suzuki
All rights reserved.
Originally published in Japan by UNIVERSITY OF TOKYO PRESS.
Korean translation Copyright © 2007 by Iichokak.
Korean translation rights arranged with UNIVERSITY OF TOKYO PRESS
through Japan UNI Agency, Inc., Tokyo and Korea Copyright Center, Seoul.

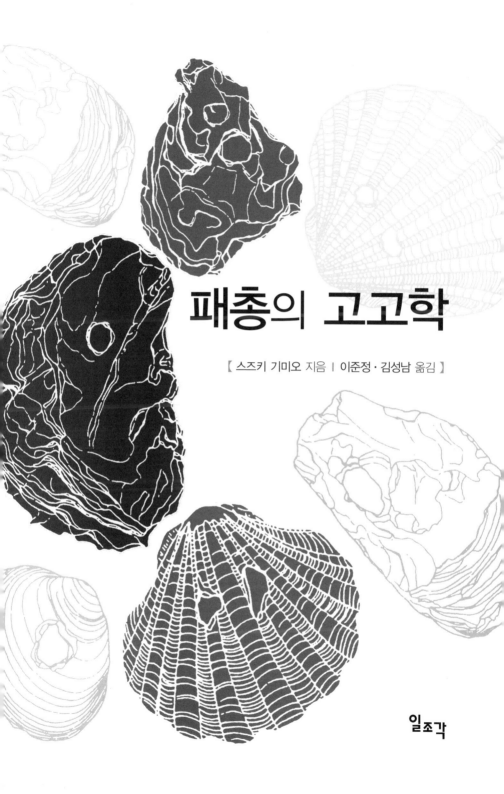

패총의 고고학

【 스즈키 기미오 지음 | 이준정 · 김성남 옮김 】

일조각

책을 내면서

일본에서 고고학 연구가 본격적으로 시작된 것은, 1877년에 모스E. S. Morse가 오모리大森 패총을 발굴하면서부터이다. 그 후 오늘날에 이르기까지 수많은 고고학자들이 패총을 발굴하고, 연구해왔다. 그런 의미에서 일본 패총 연구의 자취를 더듬는 것은, 일본의 고고학 연구가 어떻게 발달되어왔는가를 살펴보는 일이기도 하다. 이 책은 그동안 선학들이 쌓아 올린 일본 패총 연구의 발자취를 되돌아보면서, 패총 유적으로부터 과거 사람들의 생활을 어떻게 알아낼 수 있는지를 살펴본 것이다.

조몬시대를 전공하는 필자가 처음으로 발굴을 경험한 것은 1954년에 실시된 이바라키 현茨城縣 나메카타 군行方郡 오니고에鬼越 패총 발굴에서였다. 그 후 수많은 패총 발굴에 참여하였는데, 1970년에 이바라키 현 쓰치우라 시土浦市 미카타카쓰上高津 패총을 발굴하면서야 비로소 패총 연구가 지닌 중요성을 제대로 인식할 수 있었다. 이후 이와테 현岩手縣 미야노宮野 패총, 가나가와 현神奈川縣 쇼묘지稱名寺 패총, 도쿄 도東京

都 이사라고伊皿子 패총 등을 조사하면서, 어떻게 하면 패총 안에 숨어 있는 고고학 자료를 제대로 찾아내어 조몬시대의 역사를 복원할 수 있을까를 늘 고민해왔다. 이 책의 II부와 III부 그리고 IV부의 일부는 이러한 필자의 오랜 연구 경험을 바탕으로 쓴 것이다.

본문 속에 자주 등장한 고故 고노 이사무甲野勇 선생님은 일찍이 『조몬토기 이야기繩文土器のはなし』라는 명저를 저술하였다. 이 책은 쇼와昭和 초부터 제2차 세계대전 후까지 고노 선생님이 넓은 시야를 가지고 이룩한 연구성과를 중심으로, 조몬시대와 조몬토기에 대해 서술한 것이다. 필자는 고등학교 시절에 이 책을 읽었는데, 이를 계기로 고고학 연구의 길을 걷게 되었다. 언젠가 고노 선생님의 저서 같은 책을 써보고 싶다는 소망이 있었는데, 이 책이 그런 기회가 되었다. 결과적으로 능력이 많이 부족하다는 생각이 들지만, 그래도 이 책을 통해 고고학에 관심이 있는 독자들에게 패총 연구가 얼마나 흥미로운 것인지 전달될 수 있기를 바란다.

패총 연구는 많은 사람들의 협동 작업 없이는 완수할 수 없다. 패총 발굴 작업은 물론, 패총 단면도 작성, 출토 토기, 석기, 어골, 패각 등의 세척과 분류 등 기초 작업이 충실히 이루어져야만 과거에 대한 다양한 정보를 찾아낼 수 있다. 이제까지 패총 연구의 각 단계에 참가해준 수많은 학생들, 조사원들에게 깊이 감사하는 바이다. 또한 그동안 연구를 함께 진행하면서 많은 도움을 준 아카자와 다케시赤澤威, 고미야 하지메小宮孟 두 분에게도 감사의 말을 전한다.

이 책은 필자가 그동안 대학에서 강의한 내용, 특히 1982년에 교토대학교京都大學校에서 시행한 집중 강의를 토대로 집필한 것이다. 생각을

6

정리하면서 강의를 진행하느라 많은 시행착오가 있었는데, 체계적이지 못한 강의를 참고 들어준 수강생들에게도 이 기회에 감사의 뜻을 표하는 바이다. 마지막으로, 이 시리즈의 기획에서 출판까지 큰 역할을 담당해준 다케다 준코武田肫子 여사와 도쿄대학교 출판회의 와타나베 이사오度邊勳 씨의 노고에 감사드린다.

1988년 가을

스즈키 기미오鈴木公雄

차례

I

패총과 고고학 연구

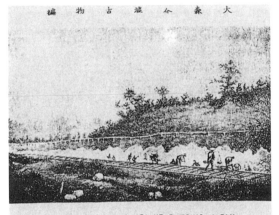

SHELL MOUNDS of OMORI NEAR TOKIO, JAPAN.

오모리大森 패총 발굴 광경(Morse 1879)

1
패총이란 무엇인가

패총은 어떻게 만들어졌을까

패총貝塚은 수렵·어로·채집으로 생계를 유지하던 선사시대 인류가 식료食料로 채집한 조개를 먹고 난 뒤, 그 껍데기를 대량으로 버린 결과 생겨난 것이다. '총塚'이라는 단어 때문에 봉긋하게 쌓아올린 무덤 형태를 상상하기 쉬운데, 모든 패총이 봉분封墳 형태는 아니다. 북미 대륙의 플로리다 지역에는 그야말로 조개무덤shell mound이라 부를 만한 높이 4~5m가 넘는 봉분 모양의 패총이 존재하지만, 일본의 패총은 고작해야 2m 두께로 퇴적된 것이 대부분이다.

패총에서는 여러 종류의 패각이 발견된다. 요즘도 즐겨 먹는 백합, 바지락, 굴 등이 발견되기도 하고, 오늘날에는 규슈九州 주변에서나 찾아볼 수 있는 꼬막이 대량으로 발견되는 패총도 있다. 하나의 패총에서 많게는 30~40종 이상의 패류가 발견되기도 하지만, 그 가운데 당시 사람들이 활발히 잡아먹었던 주요 종은 기껏해야 3~4종, 많아야 10종 정도이다. 그중에는 굴이나 백합 같은 특정 조개만을 대량으로 먹었던 경우도 있다. 패총에서는 패각뿐만 아니라, 당시 사람들이 먹고 버린 짐승과 물고기의 뼈도 발견된다. 동물뼈는 산성이 강한 일반 토양에서는 대부분 부식되어버리지만, 패각이 석회암과 같은 작용을 해 토양을 알칼리성으로 유지시키는 패총에서는 오랜 기간 보존된다.

패총에서 발견되는 조개는 당시 사람들이 인근 바닷가에서 채집한 것들이다. 물고기와 짐승도 주변의 바다와 구릉에서 잡은 것이다. 그러므로 패총에서 발견되는 패각과 동물뼈를 면밀히 조사하면, 패총이 만들어질 당시의 주변 자연 환경과 식생활, 생계 경제 양상을 복원할 수 있다. 패총에는 패각, 동물뼈 같은 음식 찌꺼기뿐만 아니라 토기편, 석기편, 일상생활에서 배출된 재 등의 쓰레기도 버려졌다. 따라서 'shell mound'라는 용어보다는 그곳에 살던 사람들의 생활상을 보존하고 있는 장소라는 의미에서 'shell midden' 또는 'kitchen midden'[1]이라 부르는 편이 더 적당할 것이다. 이처럼 패총을 '선사시대의 쓰레기터'라고 하면 지저분한 인상을 줄 수도 있지만, 이는 패총의 성격을 가장 정확히 표현하는 용어이다. 쓰레기터로서의 패총은 그것이 형성될 당시 사람들의 문화와 사회를 복원하는 데 고고학적으로 매우 중요한 유적이다.

패총의 출현

패총의 출현은 인류가 조개와 물고기라는 수산 자원을 적극적으로 이용하기 시작하였음을 일러주는 중요한 사건이다. 이는 인류가 육지와 더불어 중요한 생활 터전의 하나인 바다로 진출하기 시작하였음을 보여주는 중요한 증거이다. 지구상에 패총이 처음 형성되기 시작한 것은 지금으로부터 약 1만 년 전이다. 유럽에서는 발트해 연안에서 에르테뵐레Ertebølle 패총*이 출현하고, 일본에서는 도쿄 만東京灣의 가나자와 하케이金澤八景 근처에 나쓰시마夏島 패총**이 형성되기 시작하였다.[2]

지금으로부터 약 1만 년 전은 그 이전의 빙하기 동안 한랭했던 기후가 차츰 온난해지기 시작하는 시대이다. 빙하기에는 한랭한 기후 때문에 지구 표면을 순환하는 물의 상당량이 얼음 또는 눈의 형태로 남북 양극과 고산지대에 쌓여 있었다. 이로 인해 해양에서 증발한 수분이 비가 되었다가, 민물로 바뀌어 다시 바다로 흘러들어 가는 양이 감소하였다. 그 결과 바닷물의 양이 차츰 줄어들어, 이른바 해퇴海退[3]가 일어났다. 빙하기에 대륙붕의 많은 부분이 육지가 되고, 대한해협과 라페루즈 해협La Pérouse(소야宗谷해협)이 육교陸橋로 바뀌어 대륙과 일본열도가 서로 연결되었던 것도 이러한 현상 때문이다. 그런데 약 1만 년 전부터 시작된 세계적인 기후 온난화로 남북 양극과 고산지대의 얼음이 녹기 시작하면서 해수면이 차츰 상승하여 해진海進[4]이 시작되었다. 육교는 다시 해협이 되고, 바닷물이 상승하면서 세계 각지의 연안 저지低地에 파도가 잔잔한 얕은 해안과 강어귀가 형성되었다. 이때 만들어진 해안과 강어귀는 패류가 서식하기에 적절한 환경 조건을 갖추게 된다.

---

* 덴마크의 북 유틀란트Jutland에 있는 중석기시대 후반기의 패총으로, 같은 무렵 남유럽은 이미 농경을 동반한 신석기시대에 접어들었다.

** 요코즈카 시橫須賀市 나쓰시마夏島에 있는 조몬시대繩文時代 조기早期의 패총. 패층에서 수습한 굴 패각의 방사성탄소연대 측정 결과 9,240±500 B.P.라는 연대를 얻었다.

그림 1 후기 구석기시대의 사슴뿔에 그려진 물고기와 사슴 | 이 그림은 순록의 뿔에 선각된 것을 펼쳐 보인 것으로 붉은 사슴이 무엇인가에 놀라 도망치는 순간을 포착한 것이다. 사슴 주변에는 연어·송어류로 보이는 물고기가 그려져 있다.

세계 각지의 인류는 이렇게 형성된 새로운 환경과 그 곳에 서식하는 자원, 다시 말해 패류와 어류를 적극적으로 활용하기 시작하였다. 구석기시대까지 주류를 이루던 수렵·채집 활동에 어로와 조개 채집 활동이 추가된 것이다. 이로써 선사시대 인류의 생활은 한층 안정되었다. 물론 조개와 물고기를 잡아 식용하는 것은 이미 오래 전부터 행해지고 있었다. 유럽에서는 〈그림 1〉과 같이 후기 구석기시대에 연어·송어류[5]로 보이는 물고기를 그린 선각화線刻畵와 조각이 알려져 있고, 해산海産 패각으로 만든 머리 장식 등이 무덤의 부장품으로 발견되기도 하였다. 또한 해안에서 150km나 내륙에 위치한 피레네 산 속의 동굴에서는 구멍이 뚫린 상어 이빨로 만든 장신구가 발견된 바 있다. 인류는 후기 구석기시대부터 물고기와 조개 같은 수산 자원을 이용하고 있었던 것이다. 그러나 이는 육상 자원에 비해서 매우 한정된 것이었으며, 본격적으로 수산 자원을 활용하기 시작한 것은 1만 년 전 이후의 후빙기後氷期부터이다. 패총은 인류가 바다라는 미지의 환경에 진출하여 새로운 활동을 개시하였음을 알리는 기념탑이라 할 수 있다.

세 계 의 패 총

패총은 패류가 서식하기 적당한, 파도가 잔잔한 내만內灣이 발달한 지역이라면 세계 어느 곳에든 형성되었다. 유럽에서는 스페인, 남프랑스, 북해 연안 등지에 패총이 만들어졌다. 북미 대륙에는 미국의 동해안 남부와 서해안의 샌프란시스코에서 알래스카 남부에 걸치는 해안선에 패총이 많이 분포하는데, 특히 플로리다에서 조지아에 이르는 동해안에 대규모 패총이 형성되었다. 일본에서 패총 연구를 처음 시작하였던 모스E. S. Morse는 플로리다 반도의 패총을 조사한 경험이 있었기 때문에 달리는 열차의 창밖으로 오모리大森 패총을 발견할 수 있었다.

북미 서해안의 샌프란시스코 만San Francisco Bay 주변에도 수많은 패총이 존재한다. 샌프란시스코 만은, 금문교Golden Gate Bridge가 있는 만 어귀는 비교적 좁지만 내만 지역은 매우 넓다. 또한 새크라멘토 강Sacramento River 등에 의해 운반된 토사土砂 때문에 얕은 만이 형성되어 패류가 서식하기에 좋은 환경 조건을 갖추고 있다. 이로 인해 샌프란시스코 만 주변에는 수많은 패총들이 형성되었는데, 20세기 초 넬슨N. C. Nelson이 조사한 바에 따르면 그때까지만 해도 400기 이상의 패총이 분포해 있었다(Nelson 1910). 이 일대의 패총은 미국 고고학의 패총 연구에서 학사적學史的으로 매우 중요함에도 샌프란시스코 시가지 발전에 휩쓸려 대부분 파괴되고 말았다.

일본을 포함한 아시아와 오세아니아에도 많은 패총이 형성되어 있다. 한반도[6]에서 중국 대륙 연안, 그리고 베트남, 태국, 보르네오 등지의 동남아시아에 이르기까지 대규모의 패총이 존재한다. 또한 소규모 섬들로 이루어진 폴리네시아, 멜라네시아, 미크로네시아 등지에도 패총이 만들어졌는데, 이 지역에서는 오늘날까지도 커다란 규모의 패총이 형성되고 있다.

오스트레일리아 북부, 아라푸라Arafura 해에 마주한 아넘랜드Arnhem Land에 살고 있는 오스트레일리아 원주민인 안바라Anbarra 족은 30명 정도씩 무리를 이루어 마을을 형성해 생활하는데, 1년에 약 7톤의 패류를 소비한다. 안바라 족은 아직도 수렵·채집·어로라는 전통적 생활을 이어가고 있는데, 식료의 대부분을 물고기, 조개, 어린 캥거루에 의존하고 있다. 안바라 족의 여성은 아이를 데리고 바닷가에 나가 조개를 채집하는데, 2시간 정도면 하루치 식량에 해당하는 조개를 얻을 수 있다. 1년에 7톤의 패류를 채집한다고 하면, 그중 버려지는 패각 부분은 약 5톤에 달한다. 결국 안바라 족은 마을 주변에 매년 평균 5톤의 패총을 만들어내고 있는 것이다. 따라서 안바라 족의 생활을 상세히 관찰하면 식료로서 패류의 역할과 패류 채집이라는 노동이 다른 수렵이나 어로에 비해서 어떤 이점이 있는지를 알 수 있다.[7]

일본의 패총

일본에도 수많은 패총이 분포한다. 일본의 패총이 총 몇 개나 되는지 정확히 알 수는 없지만, 약 3,000여 기 정도로 추정된다. 대부분은 조몬시대繩文時代의 패총이며, 야요이시대彌生時代와 고훈시대古墳時代, 나아가서는 고대, 중세의 패총도 소수 존재한다. 조몬시대 패총의 대다수는 태평양 연안에 분포하는데, 〈그림 2〉에서 볼 수 있듯이 몇 군데 집중적으로 분포하는 지역이 있다. 센다이 만仙台灣 주변, 도네가와 강利根川 하류 지역부터 가스미가우라霞ヶ浦에 걸치는 지역, 그리고 도쿄 만 주변의 세 곳에 패총이 가장 집중적으로 분포되어 있다. 특히 간토關東의 두 지역에 밀집되어 있는데, 전국 패총의 절반에

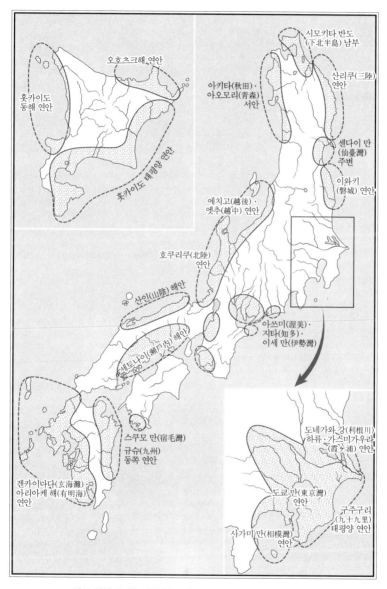

그림 2 일본의 패총 집중 분포 지역(金子浩昌 1965에서 일부 변경)

가까운 수가 이 지역에서 발견되고 있다. 이는 도쿄 만과 가스미가우라 지역에 넓고 얕은 내만이 발달해 있고 간토 평야를 흐르는 많은 하천이 민물을 충분히 공급해주어, 패류의 먹이가 되는 플랑크톤이 풍부하기 때문이다.

이 밖에 동북 지방의 산리쿠三陸 연안, 이세 만伊勢灣의 동쪽 연안(미카와 만三河灣), 규슈 지방의 아리아케 만有明灣 동쪽 연안 등지에도 패총이 집중적으로 분포되어 있다. 규슈의 동쪽 연안, 와카야마 현和歌山縣에서 미에 현三重縣 남부에 걸치는 기이紀伊 반도 연안, 그리고 도카이東海 지방부터 사가미 만相模灣에 이르는 연안에는 패총의 분포가 적은 편이다. 지형적으로 보면, 깊숙이 들어온 넓고 얕은 내만 가운데 모래펄이 발달하고, 부근에 하천이 흘러드는 지역에 패총이 많이 형성된다. 암초성 해안이 발달한 리아스식 해안 지대에서는 패총을 찾아보기가 어렵다. 동해[8] 연안에는 전체적으로 패총의 분포가 적다. 명확하지는 않지만, 태평양 연안에 비해서 동해 연안은 조수 간만의 차가 적어 패류 채집을 하기에 적절하지 않기 때문인 것으로 생각된다(山內 1934).

일본에서 가장 오래된 패총은 조몬시대 조기에 형성된 것이다. 패총은 조몬시대 전기 무렵부터 수가 증가하여, 중기부터 후기에 이르러 질적으로나 수적으로 가장 발달하였다. 이 시기에 간토 지방, 특히 도쿄 만 연안에는 지바 현千葉縣 가소리加曾利 패총*을 비롯해 대규모 패총이 형성된다. 그러나 조몬시대 후기 후반 이후가 되면 패총의 수가 급감하

지바 시千葉市 사쿠라기 정櫻木町에 있는 조몬시대 중기~후기의 패총. 패총이 2m 두께로 쌓여 있고 전체가 환상環狀으로 분포한다. 조몬시대를 대표하는 대규모 패총이다.

는데, 이는 조몬 유적 전체가 이 시기에 감소하는 것과 관련이 있을 것으로 생각된다. 야요이시대가 되면 극히 소수의 패총만 만들어지며, 그 규모도 조몬시대에 비해 현저히 축소된다. 이는 주된 생계 경제가 수렵·채집에서 벼농사 중심의 농업으로 이행되었기 때문에 일어난 당연한 결과이다.

고훈시대 이후 패총의 수는 점점 더 줄어들고, 취락의 한쪽 구석에 소규모로 패각을 버리는 예가 많아진다. 그러나 중세에 이르면 오늘날 조갯살 가게(무끼미야むきみ屋)[9]의 원조라고 할 수 있는 백합, 굴 등의 특정 패류를 대량으로 처리하는 시설과 연관된 패총, 그리고 장원莊園에 부속된 패총 등 특수한 성격의 패총이 만들어지게 된다. 미에 현 구와나 시桑名市에 있는 산노山王 유적은 재첩, 백합, 굴 껍질만 출토되는 중세의 패총인데, 대부분의 패총에서 발견되는 물고기뼈는 거의 출토되지 않는다. 이는 특정 패류만 가공 처리한 결과 형성된 패총이기 때문인 것으로 생각된다. 또한 오사카大阪의 아마가사키 시尼崎市에 있는 긴라쿠지金樂寺 패총은 중세에 이곳에 거주하였던 나가스미쿠리야長洲御廚[10]의 주민들이 만든 것으로 추정된다. 근세에 이르면, 에도江戸의 다이묘大名 주택가 쓰레기 구덩이에서 백합, 피조개, 전복 등의 패각이 발견되기도 한다. 오늘날에도 다양한 수산 자원을 활발히 이용하고 있는 일본에서 패총은 끊임없이 여러 시대에 걸쳐 입지와 규모를 달리하며 계속 형성되고 있는 것이다.*

오늘날 히로시마廣島와 산리쿠 지방 등에서 형성되고 있는 굴 패각 더미는 현대의 패총이라 할 수 있다.

2

패총 연구와 일본 고고학의 성장

모스와
오모리 패총 발굴

1877년에 모스가 실시한 오모리 패총 발굴은 일본에서 고고학을 과학적으로 연구하는 계기가 되었다. 고고학보다는 생물학, 특히 패류학에 관심이 깊었던 모스는 이전에 미국 매사추세츠와 플로리다에서 패총을 발굴한 경험이 있었다. 그는 이러한 학문적 경험을 바탕으로 오모리 패총 발굴에서 인공 유물뿐만 아니라 각종 자연 유물도 빠짐없이 채집할 수 있었으며, 연구도 상세하게 진행할 수 있었다.* 1879년에 간행된 오모리 패총 발굴보고서인『오모리 패총 *Shell Mounds of Omori*』에는 토기, 석기, 골각기 등의 인공 유물은 물론 동물뼈, 패류 등의 동물 자료를 관찰한 내용도 상세히 기록되어 있다.

오모리 패총의 출토품은 중요 문화재로 지정되었으며, 현재 도쿄대학교 총합자료관總合資料館에 보관·전시되어 있다.

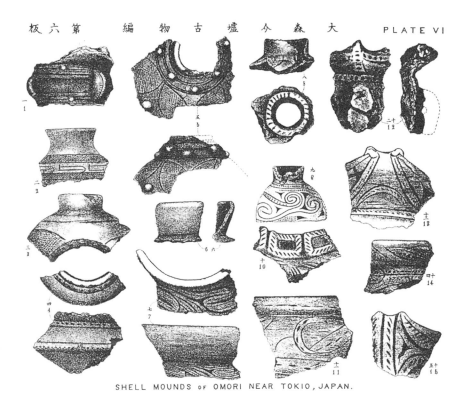

板六第　編物古墟介森大　　PLATE VI

SHELL MOUNDS OF OMORI NEAR TOKIO, JAPAN.

그림 3 오모리 패총 출토 토기(Morse 1879)

특히 출토품 전체를 〈그림 3〉과 같이 석판 인쇄로 도면을 작성하고, 계측값과 특징을 일일이 기재한 점이 주목된다. 이 도면들은 오늘날에도 충분히 이용할 수 있을 정도로 자세하고 정확하게 제작되었다.

출토 유물에 대한 모스의 이러한 균형 잡힌 연구는 유럽과 미국의 박물학natural history 전통을 이어받은 것이다. 박물학이란 자연계의 여러 가지 사물과 현상을 정확히 관찰 · 기술하는 학문으로, 지질학 · 고생물학·동물학·식물학 등의 자연과학이 이로부터 독립하여 하나의 학문 분야를 이룩한 셈이다. 고고학도 박물학의 범주 내에서 과학으로 발달해나갔다고 할 수 있다. 모스가 활동하던 무렵, 고고학은 아직 하나의 학문으로 완전히 독립하지 못한 채 박물학의 한 분야에 머물러 있었다. 이러한 배경 아래 모든 사물을 객관적으로 기술하고 비교하는 박물학의 관점에서 유물을 다룬 훌륭한 보고서가 작성된 것이다.

모스가 미국으로 돌아간 후, 오카다이라陸平 패총* 발굴 같은 일본인 연구자에 의한 연구가 시작되었다(Iijima & Sasaki 1882). 그러나 모스가 오모리 패총 보고서에서 보여준 것 같은 출토 유물에 대한 균형 있고 객관적인 연구 자세는 차츰 약해졌다. 일본 고고학이 태동하는 시점에 모스에 의해 이처럼 훌륭한 패총 연구가 이루어졌음에도, 그것이 일본 고고학 속에 소화, 흡수되기까지는 약 반세기 가까운 시간이 지나야 했다.

기시노우에 가마키치와 선사 어로 연구

모스 이후, 패총에 관한 주목할 만한 연구는 고고학이 아닌 수산학水産學 분야에서 이루어졌다. 기시노우에 가마키치岸上鎌吉는 1911년에 도쿄대학교 농학부 기요紀要에 「일본의 선사 어업Prehistoric Fishing in Japan」이라는 제목의 논문을 발표했다. 이 논문에서 기시노우에는 〈그림 4〉에 그려진 것과 같은 패총 출토 골각제 낚

이바라키 현茨城縣 이나시키 군稻敷郡 미우라 촌美浦村에 있는 조몬시대 중기~후기의 패총. 모스가 귀국한 후, 그의 제자였던 이이지마 이사오飯島魁, 사사키 주지로佐々木忠次郎 등이 1879년에 발굴하여 오모리 패총과는 다른 양식의 토기를 찾아내었다. 이는 후에 '오카다이라식陸平式' 또는 '아쓰데식厚手式'으로 명명되었다.

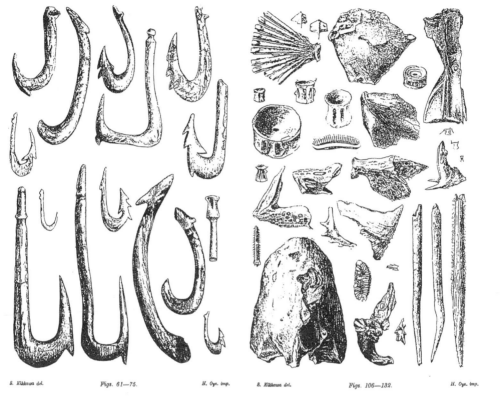

Jour. Coll. Agric. Vol. II. Plate XXIII Jour. Coll. Agric. Vol. II. Plate XXVIII

S. Kikkawa del. Figs. 61—75. H. Oya. imp. S. Kikkawa del. Figs. 106—132. H. Oya. imp.

그림 4 기시노우에 가마키치의 패총 연구(Kishinouye 1911)

싯바늘, 민작살, 미늘작살, 석제 및 토제의 추錘, 그리고 물고기뼈와 패각 등의 동물 자료를 이용해 조몬시대의 어로 활동을 복원하고자 시도하였다.

기시노우에의 연구에서 돋보이는 점은 어로 도구와 물고기뼈, 다시 말해 포획 도구와 포획 대상이라는 양 측면을 함께 고려하여 선사시대 어로 활동을 고찰한 점이다. 기시노우에는 일본 각지에서 토기의 파편을 이용하거나 점토를 구워 만든 토추土錘가 출토되며, 멸치잡이용 그물 등을 사용하지 않고는 잡을 수 없는 소형의 물고기뼈가 발견되는 것으로 보아 그물을 사용하여 물고기를 잡았다고 주장하였다. 이처럼 어구와 포획된 물고기뼈라는 양면을 관련지어 검토함으로써 선사시대의 어로 활동을 복원한 것은 기시노우에가 처음으로 시도한 것이다.[*]

기시노우에가 이러한 시도를 할 수 있었던 것은 미세한 자료도 놓치지 않은 예리한 관찰력에 힘입은 바가 크다. 멸치처럼 작은 뼈까지 연구대상으로 삼게 된 것은 조시 시銚子市 부근에 있는 요야마余山 패총[**]에서 출토한 여우의 뼈를 조사하던 중, 주변 흙 속에서 멸치의 척추뼈를 발견하면서부터이다. 이후 기시노우에는 동물뼈를 세척한 후 남은 흙을 건조시킨 뒤 체를 이용하여 미세한 뼈를 채집하곤 하였다. 또한 뼈가 대량으로 발견된 지점의 주변 흙을 채취하여 물에 풀면서 뼈를 찾아내고자 하였다. 이 같은 방법은 오늘날로 치자면 촘촘한 체를 사용하는 물체질 분류법과 같은 것으로 유적에서 크기 5mm 이하의 미세한 자료를 발견하는 데 곧잘 사용되는데, 기시노우에는 이러한 방법의 중요성을 일찌감치 인식하고 있었던 것이다.

---
[*] 기시노우에는 수산학자였는데, 수산학과 고고학의 공동연구는 제2차 세계대전 이전에는 미미하였으나 최근에는 활발히 이루어지고 있다.

[**] 지바 현 조시 시 요야마 정余山町에 있는 조몬시대 후기~만기의 패총. 메이지시대부터 알려져 수많은 조사가 이루어졌으나 정식 보고된 예는 적다.

패총 연구와
고지형의 복원

　　　　　　　고고학 이외의 분야에서 이루어진 패총 연구 가운데는 도키 류시치東木龍七가 시도한 패총 분포를 토대로 고해안선을 복원한 지리학 연구가 주목할 만하다. 도키는 1926년에 「지형과 패총 분포로 본 간토 저지대의 구해안선地形と貝塚分布より見たる關東低地の 舊海岸線」이라는 획기적인 논문을 발표하였다. 그는 간토 평야에 존재하는 패총의 분포를 조사하여, '패총 분포선의 위치를 당시의 해안선을 추정하는 표준'으로 삼아 간토 지방 해안선의 변화를 밝히고자 하였다. 우선 간토 지방에 존재하는 약 300여 개의 석기시대 패총을 지역에 따라 크게 도쿄 만 계통, 가시마나다鹿島灘 계통, 구주구리하마九十九里浜 계통의 셋으로 구분하고, 이를 다시 하천 등으로 분류하여 26개 패총군으로 파악하였다.

　　이에 따르면 패총의 분포를 결정하는 지형은 오늘날의 해안선이 아니라 구릉 내부에 들어와 있는 계곡임을 알 수 있다. 패류 채집은 주로 거주지 인근에서 이루어지므로, 패총이 형성된 지점 인근에는 패류가 서식하는 갯벌이 존재하기 마련이다. 따라서 지형과 패총의 위치를 비교해 보면, 현재 구릉 내부의 계곡은 육지의 침강 현상으로 선사시대에는 물에 잠겨 있었음을 알 수 있고, 패총의 분포를 연결하면 해안선을 복원할 수 있다는 결론에 이르게 된다.

　　도키는 바로 이 방법을 이용하여 〈그림 5〉처럼 간토 저지대의 옛 해안선을 복원하였다. 이에 따르면, 과거 도쿄 만의 해안선은 현재보다 훨씬 북쪽으로 들어와 형성되어 있었으며, 가와고에川越부터 구리하시栗

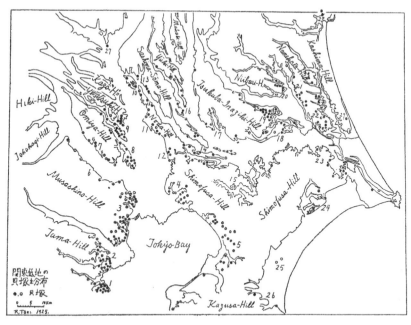

그림 5 도키 류시치의 선사 해안선 복원(東木 1926)

橋까지는 바다로 이루어져 있었다. 또한 가시마나다 방면에서는 일부가 외양外洋과 직접 연결되고, 가스미가우라霞ヶ浦, 기타우라北浦, 도네가와 강利根川 하류 지역에는 폭넓은 강 하구가 형성되어 있었다. 구주구리하마에서도 바다가 오늘날보다 훨씬 구릉지대에 다가와 있었다.[11]

도키의 연구는 해안선이 언제 형성되었으며, 어떻게 해서 오늘날과

이렇게 해서 형성된 내만內灣을 고기누 만古鬼怒灣, 고도쿄 만古東京灣 또는 오쿠도쿄 만奧 東京灣이라 부른다. 또한 석기시대의 간토 평야에서 도네가와 강은 오늘날의 에도가와 강江 戸川과 같은 방식으로 육로를 타고 도쿄 만으로 흘러들고 있었다. 도네가와 강이 지금처럼 조시銚子에 흘러들게 된 것은 에도시대에 하천을 개수한 결과이다.

같은 해안선으로 변했는지는 밝히지 못했다. 그러나 석기시대의 간토 지방이 오늘날과는 상당히 다른 환경이었다는 사실을 밝혔다는 점에서 중요한 연구라 할 수 있다. 환경의 시간적 변화 과정을 더욱 명확하게 밝혀내지 못한 것은 도키 개인의 책임이라기보다는 당시 일본 고고학의 수준을 반영하는 것이다. 1920년대 중반의 일본 고고학계에서는 석기시대가 어느 정도 오래되었고, 어떤 역사적 변천 과정을 거쳤는지를 거의 밝히지 못하고 있었다. 따라서 도키는 시대적으로 서로 다른 패총을 함께 일괄해서 해안선을 복원할 수밖에 없었다. 그렇지만 그의 연구는 패총 연구가 고古지형, 고古환경 복원에 유용하다는 새로운 가능성을 보여주었다. 이후 고고학자들은 도키의 연구에 자극을 받아 패총을 중심으로 석기시대 편년을 연구하기 시작하기에 이른다.

패총과 인골 연구

도키가 패총 분포를 연구하던 무렵, 패총이 지닌 또 하나의 가능성에 주목한 연구집단이 있었다. 바로 패총에서 출토한 인골을 연구하는 형질인류학자들이다. 패총을 발굴하면 인골이 발견된다는 것은, 모스의 오모리 패총 발굴 이래 잘 알려져 있었다. 모스는 오모리 패총에서 인골이 사슴, 멧돼지 등 동물뼈와 함께 발굴되고, 인골도 동물뼈와 마찬가지로 골수를 얻을 목적으로 파손된 상태로 발견된 점을 토대로 당시에 식인 풍습이 존재하였다고 주장하였다. 그리고 아이누 족이나 일본인에게는 식인 풍습이 없기 때문에 오모리 패총인들을 아이누에 앞서 일본 열도에 거주한 사람들, 곧 선先아이누 족이라고 설명하였다.*

모스의 이러한 주장으로 말미암아, 메이지시대(1868~1911년) 후반에 이른바 '석기시대인 논쟁'이 시작되었다. 메이지시대 후반 일본 고고학계와 인류학계의 주관심사 가운데 하나였던 '석기시대인 논쟁'은, 패총을 남긴 사람들이 아이누 족인지, 또는 다른 집단인지에 대한 논의로 시작되었다가 점차 '아이누·고로봇쿠루コロボックル 논쟁'으로 변화하였다.

고로봇쿠루란, 아이누 전설에 등장하는 소인小人으로, 보통 사람의 옷소매 아래쯤에나 닿을 정도로 체구가 작은 사람이라는 뜻이다. 이들은 아이누 족이 홋카이도北海道에 거주하기 전에 그 곳에 살던 사람들이라고 전해지고 있었는데, 그런 의미에서 모스가 말한 선아이누 족이라 할 수 있다. 메이지시대의 일본 고고학, 인류학을 주도하였던 쓰보이 쇼고로坪井正五郎는, 일본 석기시대의 유적과 유물은 고로봇쿠루가 남긴 것이라 주장하였다. 이에 대해 시라이 고타로白井光太郎는 석기시대인은 아이누 족이라고 반론을 제기하였다. 두 사람은 1887년부터 쓰보이가 상트페테르부르크에서 객사한 1913년까지 단속적斷續的으로 논쟁을 계속하였다.

이후 고가네이 야스유키小金井良精, 하마다 고사쿠浜田耕作, 아다치 분타로足立文太郎 등 여러 인류학자, 고고학자들이 논쟁에 가세하면서 더욱 치열해지다 보니, 전문가 외의 일반인들도 '아이누·고로봇쿠루 논

모스의 식인설은 당시 사람들에게 강한 충격을 주었다. 당시에는 그와 같은 꺼림칙한 풍습이 일본인과는 혈통상 관계없는 석기시대 사람들의 것이라 주장함으로써 이 문제를 해결하려고 하였다. 그러나 식인 풍습은 세계 각지의 선사 문화에서 확인되는 것으로서, 특정 시대의 특정 집단에만 한정된 풍습이 아님이 밝혀지고 있다.

쟁'에 대해 알게 되었다. 이런 측면에서, 이 논쟁은 메이지시대에 고고학, 인류학이 널리 보급되는 데 기여한 면이 있다. 그러나 실제 논쟁은 상당히 거친 논리로 진행되어, 연구를 크게 진전시키지는 못하였다.

당시 고가네이 야스유키, 기요노 겐지清野謙次 같은 인류학자들은 '석기시대인 논쟁'의 문제점을 인식하고, 체계적으로 패총을 발굴함으로써 패총 출토 인골에 대한 새로운 연구를 도모하였다. 그 결과, 오카야마 현岡山縣 쓰쿠모津雲 패총*(1915년), 지바 현 요야마 패총(1918년), 구마모토 현熊本縣 도도로키轟 패총**(1919년), 아이치 현愛知縣 이카와즈伊川津 패총***(1922년), 지바 현 우바야마姥山 패총****(1932년) 등 전국의 패총을 발굴해 수많은 인골을 수집하였다.

이렇게 발굴된 인골 자료를 바탕으로 그들은 일본 석기시대인이 아이누와 오늘날의 일본인 모두에게 공통의 조상이라는 '석기시대인＝원原일본인 설'을 주장하기에 이르렀다(清野 1946). 이는 메이지시대의 석기시대인 연구를 한 걸음 진전시킨 것이기는 하나, 고고학의 입장에서 본다면 여전히 문제가 있었다. 인골 수집에 주안점을 두고 발굴을 하다 보니 토기, 석기 등의 유물에 대해서는 관심을 기울이지 않은 예가 많았

---
*
오카야마 현 가사오카 시笠岡市 니시오시마西大島에 있는 조몬시대 후기~만기의 패총.

**
구마모토 현 우토 시宇土市 미야노쇼宮庄에 있는 조몬시대 조기~전기의 패총.

***
아이치 현 아쓰미 군渥美郡 아쓰미 정渥美町 이카와즈伊川津에 있는 조몬시대 후기~만기의 패총.

****
지바 현 이치카와 시市川市 가시와이 정柏井町에 있는 조몬시대 중기~후기의 패총.

다. 심한 경우에는 인골의 두개골 부위만 발굴하고 나머지 부분은 패총에 그대로 방치하는 일도 있었다. 인류학과 고고학 분야가 협력하여 발굴을 할 수 있었는데도, 1910~1920년대에는 아직 공동연구를 위한 기반이 충분히 확립되지 못하였던 것이다.[12]

패총과 편년 연구

도키가 패총 분포를 토대로 옛 해안선을 복원한 연구는 매우 뛰어난 것이었지만, 이는 두 가지 점에서 문제를 지니고 있었다. 첫째는 이미 말한 바와 같이 모든 패총을 같은 시대에 속한 것으로 묶어서 취급했다는 것이고, 둘째는 패총을 구성하고 있는 패류의 종류에 주의를 기울이지 않았다는 점이다. 패총의 편년에 대해서는 도키에게 책임을 물을 수 없지만, 패류의 종류를 무시한 것은 명백히 패총에 대한 그의 인식이 부족한 탓이었다.

1894년 조사된 지바 현 오타마다이阿玉台 패총* 보고서에는 이미 패총에서는 해수산海水産 패류와 담수산淡水産 패류 두 종류가 발견되며 패총 자체도 해수산 패류가 주인 것과 담수산 패류가 주인 것의 두 종류가 있다는 사실이 서술되어 있었다(八木・下村 1894). 나아가 이 두 종류의 패총은 형성된 시기가 다를 수 있다는 점도 지적되었다.

도키가 주장하였듯이 간토 저지대 깊숙한 계곡까지 바다가 진입하면서 패총이 형성되었다면, 담수산 패류가 주로 출토되는 패총은 바다가 진입하기 이전이나 바닷물이 물러난 후에 형성된 것이어야 한다. 따라

지바 현 가토리 군香取郡 오미가와 정小見川町에 있는 조몬시대 중기의 패총.

서 담수산 패류로 이루어진 패총과 해수산 패류가 주를 이루는 패총이 동시에 존재했다고 생각하기보다는, 각각 다른 시기에 형성되었다고 보는 쪽이 자연스럽다.

오야마 가시와大山柏,* 고노 이사무甲野勇 같은 고고학자들은 이 점에 착안하여 패총의 패류 종류를 근거로 석기시대를 편년하고자 하였다. 이는 오야마가 설립한 선사학 연구소의 연구 주제로 채택되어 1927년부터 연구가 시작되었는데, 그 기본 전제와 조사 방법은 다음과 같다(大山 외 1933).

① 출토 패류의 서식 조건에 따라 패총을 담수종淡水種을 주체로 하는 패총(담수 패총)과 바닷물에 사는 함수종鹹水種을 주체로 하는 패총(함수 패총)으로 나누고, 나아가 이를 순함純鹹, 주함主鹹, 담함淡鹹, 주담主淡, 순담純淡의 5종류로 세분한다.[13]

② 육지의 침강 등에 따라 저지대까지 밀려왔던 바다가 점차 후퇴하고 하천이 충적되면서 차츰 담수화하였다면, 담수 패총과 함수 패총이 동일한 계곡에 공존할 수 없다. 따라서 만약 함수 패총이 담수 패총보다 더 깊숙한 골짜기에 위치한다면, 이 함수 패총은 동일 계곡 내의 다른 담수 패총에 비해 일찍 형성되었다고 간주한다. 이를 구패총舊貝塚이라 명명한다.

오야마 가시와는 바쿠후幕府 말부터 메이지시대에 활약하였으며, 일본 육군을 창설하는 데 깊이 관여하였던 오야마 이와오大山巖의 아들이다. 처음에는 군인에 뜻을 두었다가 고고학으로 전공을 바꾸었다. 전사戰史 연구를 목적으로 한 유럽 유학 시절에도 선사 연구에 집중하는 등 고고학에 대한 열정이 남달랐다. 귀국 후 본격적으로 고고학 연구를 시작하면서 오야마 선사학 연구소大山史前學硏究所를 설립하였다. 제2차 세계대전 이전 일본 고고학의 발달, 특히 패총 연구에 중요한 역할을 하였다.

③ 마찬가지로, 동일 계곡의 골짜기 어귀에 존재하는 담수 패총은 그 계곡에 존재하는 패총 가운데 가장 늦은 시기에 형성된 것이다. 골짜기 깊숙이 있던 바다가 물러나면서 골짜기 어귀 부근까지 담수화되기 전에는 형성될 수 없기 때문이다. 이러한 담수 패총을 신패총新貝塚이라 지칭한다.

④ 신패총, 구패총이 도쿄 만으로 흘러드는 주요한 하천 계곡에 어떻게 분포하는지를 조사하고, 패총에서 출토되는 토기·석기 등의 문화상을 연구하여, 신패총과 구패총의 상대편년을 확립한다.

오야마와 고노가 시도한 패총의 상대편년 연구는, 독자적인 고고학 연구 주제를 설정하여 패총을 조사하였다는 점에서 중요한 의미가 있다. 그 이전에도 마쓰모토 히코시치로松本彦七郎가 시행한 패총의 분층적分層的 발굴(松本 1919), 도쿄대학교 인류학 교실에서 시행한 지바 현 요야마 패총의 대규모 발굴 등 새로운 시도가 있었으나, 오야마와 고노의 연구는 석기시대 문화의 편년 연구라는 관점으로 패총을 종합적으로 조사하였다는 점에서 독보적이라 할 수 있다.

이러한 연구성과는 1935년 고노가 집필한 「간토 지방 조몬식 석기시대 문화의 편년關東地方に於ける繩文式石器時代文化の編年」이라는 논문으로 집대성되었다. 고노는 간토 지방의 조몬 토기를 8군으로 나눈 뒤 패총의 패류에 기초해 상대연대를 추정하였으며, 나아가 층위를 통한 연대 결정, 토기 형식 조합의 유적 간 비교 등을 참고로 하여 간토 지방의 조몬시대를 전기, 중기, 후기의 3기로 구분하였다. 고노의 조몬시대 편년안은 동시대에 이루어진 야마노우치 스가오山內清南, 야와타 이치로八幡一郎 등의 편년안과 대부분 일치하여 오늘날까지 조몬시대 편년의 기본 틀이 되고 있다.

패총과
선사 식료 연구

편년 연구와 더불어 패총에서 출토된 패각, 동물뼈, 물고기뼈를 분석해 선사시대의 식료를 복원하는 연구도 관심을 받기 시작하였다. 나오라 노부오直良信夫는 1938년에 논문「선사시대 일본인의 식량 문화史前日本人の食糧文化」를 발표하였는데, 패총에서 출토된 동물유존체를 동정同定하여 당시의 식료를 복원하고 포획법과 조리법을 밝히고자 하였다. 한편 오야마 가시와는 동물유존체를 이용하여 식료 양상을 복원하였을 뿐만 아니라, 오늘날의 생태학적 연구의 선구라 할 만한 훌륭한 연구를 시도하였다. 예를 들어 파랑비늘돔이라는 물고기의 뼈가 출토되면, 그 습성과 서식처를 근거로 당시 어장漁場이 암초성 해변에 있었다고 추론하였다. 또한 파랑비늘돔은 낚시로는 잡기 어려운 어종이기 때문에 민작살 및 미늘작살을 사용한 잠수자돌어법潛水刺突漁法이 사용되었을 것이라고 주장하였다(大山 1931).

이는 물고기의 생태를 고려하여 패총 주변의 환경, 어로법까지 밝혀낼 수 있음을 보여주는 연구로, 오늘날 패총을 연구하는 데 있어 핵심을 이루는 분야이다. 오야마 가시와 등은 이러한 방법을 지바 현 이치노미야 정―宮町의 가이가라즈카貝殼塚 패총* 조사에 적용하여, 조몬시대에는 종래 알려져 있던 내만성內灣性 패총 이외에도 외양에서 적극적인 어로 활동을 수행하였음을 보여주는 패총도 존재한다는 사실을 밝혀냈다

─●
지바 현 나가오 군長生郡 이치노미야 정에 있는 조몬시대 후기~만기의 패총.

(大山 외 1937). 한편 사카즈메 나카오酒詰仲男는 1939년 이후 전국적인 규모로 조몬시대 패총을 답사하고 집계하였는데, 그 성과는 제2차 세계대전 후 『일본 패총 지명표日本貝塚地名表』(1959)와 『일본 석기시대 식량 총설日本石器時代食糧總說』(1961)로 집대성되었다. 특히 『일본 패총 지명표』는 전국적으로 패총의 분포와 고고학 자료를 망라한 것으로는 유일한 자료집인데, 오늘날에도 패총 연구의 기초 자료로 유용하게 사용되고 있다.

패총과 취락 연구

패총은 사람들이 일정한 장소에 거주하면서 패류를 소비한 결과 형성된 것이어서, 그 인근에는 당시 사람들의 취락이 남아 있기 마련이다. 패총을 발굴하면 패층 퇴적층 아래의 롬loam 층을 파고 만든 수혈竪穴 주거지가 발견된다. 이러한 사실은 제2차 세계대전 이전부터 알려져 있었지만, 여러 기의 주거지로 이루어진 취락이 존재한다는 사실은 밝혀지지 않았었다. 소규모 유적 발굴이 대부분이던 당시에는 취락의 존재를 파악할 만큼 넓은 범위를 발굴하는 일이 드물었기 때문이다.

제2차 세계대전 이전에 행해진 대규모 패총 및 취락 발굴로는, 도쿄대학교 인류학 교실에서 1930년 초에 실시한 지바 현 요야마 패총 조사가 유일한 예이다(松村 외 1932). 요야마 패총에서는 총 23기의 수혈 주거지가 발견되었고, 그 가운데 인골이 매장된 예도 있었다. 이로써 조몬시대 패총과 취락이 예상보다 대규모이며, 복잡한 양상을 지녔다는 사실이 알려지게 되었다. 특히 9호 수혈 주거지에서는 성인 남녀 각 2구,

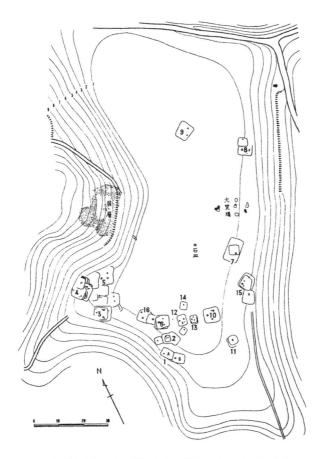

그림 6 난보리南堀 패총의 취락(『요코하마 시사横浜市史』)

어린이 1구 등 총 5구의 인골이 마치 질병이나 식중독에 걸려 동시에 급
사急死한 듯한 모습으로 발견되었다. 이들은 하나의 주거지 안에 거주
하던 가구家口 구성원으로 생각되는데, 이는 조몬시대의 주거지 거주 인
원과 가족 구성을 추정하는 데 중요한 자료가 되었다. 또한 패층 내에서

복어뼈가 발견된 것을 근거로, 복어 중독설이 사망 원인으로 대두하기도 하였다.

이처럼 요야마 패총이 발굴됨으로써 조몬시대 사회와 문화의 여러 측면이 종합적으로 밝혀졌지만, 본격적인 패총과 취락 조사는 제2차 세계대전 이후 가나가와 현神奈川縣 난보리南堀 패총* 발굴에 이르러서야 제대로 시행되었다. 1955년에 시행된 난보리 패총 발굴에서, 〈그림 6〉에서 볼 수 있듯이 조몬시대의 취락은 중앙 광장을 중심으로 수혈 주거지가 배치된 독특한 구조였음이 처음으로 확인되었다. 이후 이를 계기로 각지에서 취락 발굴이 시행되었고, 상당수 패총이 주거지, 분묘, 광장 등을 아우르는 조몬시대 거점據點 취락의 일부라는 점이 밝혀졌다.

요코하마 시항橫浜市港 기타 구北區 미나미야마다 정南山田町에 있는 조몬시대 전기의 패총. 와지마 세이이치和島誠一가 『요코하마 시사』 편찬의 일환으로 발굴하였다.

3
패총 연구의 확장

**다양한
연구 자료**   앞에서 살펴보았듯이, 제2차 세계대전 이전에 이루어진 패총 연구에서 선사 문화에 대한 여러 가지 사실이 밝혀졌다. 패총은 선사시대를 연구하는 데 다종다양한 자료를 제공한다. 따라서 패총을 연구하는 데 무엇보다 중요한 것은, 어떻게 하면 패총 내에 존재하는 다양한 자료로부터 선사시대의 사회와 문화를 복원하는 데 유용한 정보를 더 많이 끌어낼 수 있을까, 이를 위하여 어떠한 연구 방법을 사용해야 하는가 하는 점이다.

패총은 동굴 유적, 이탄층泥炭層 유적*과 더불어 가장 풍부한 고고학

---

*상당수 동굴 유적은 석회암 지대에 존재하기 때문에 뼈, 뿔 등으로 제작된 유기질有機質 자료들이 잘 보존된다. 또한 이탄층 유적은 물이 고여 있는 늪지대에 퇴적되었기 때문에 목재, 씨앗 등의 식물유존체가 잘 보존되어 있어, 일반적인 유적에서는 얻을 수 없는 귀중한 정보를 찾아낼 수 있다.

정보를 지니고 있는 유적 가운데 하나이다. 최근 자연 과학의 발달과 더불어 새로운 분석법과 조사법이 개발됨에 따라 더욱 다양한 자료를 찾아낼 수 있게 되었다. 따라서 패총 유적으로부터 어떤 정보를 얻어낼 수 있는지를 확실히 인지하는 것은 매우 중요하다(鈴木 1979a).

패총 유적으로부터 얻을 수 있는 고고학 정보는 크게 다음의 세 가지로 요약할 수 있다.

① 선사시대 사람들의 식료는 무엇이었는지, 식료를 얻기 위해 어떠한 방법을 사용하였는지, 그리고 당시 사람들의 영양 상태와 생계 양상은 어떠하였는지 등 기술적·경제적 측면을 이해할 수 있는 정보.

② 선사시대 사람들이 식료의 획득을 통해서 주위의 자연 환경을 어떻게 개발·이용하였는지 등 인간과 자연 환경과의 관계를 파악하고 자연 환경을 복원하는 데 유용한 정보.

③ 한 집단이 생활을 영위하며 여러 가지 사회 규범과 문화 전통을 만들어가던 취락의 구성을 밝히고 사회·문화적 활동을 복원하여, 선사시대 사회와 문화를 재구성하는 데 유용한 정보.

유용한 정보를 얻는 방법

패총 안에 아무리 풍부한 자료가 쌓여 있다 해도 그것으로부터 유용한 정보를 이끌어낼 수 없다면, 마치 보물을 그대로 썩혀 두는 것과 같다. 유적을 발굴한다고 해서 곧바로 원하는 정보를 손에 넣을 수 있는 것은 아니다. 발굴을 통해 유용한 정보와 지식을 제대로 추출하지 못한다면, 두껍게 퇴적된 패층을 앞에 두고 "그 당시에는 조개를 정말 많이 먹었네!" 라고 감탄하는 것 이상으로는 아무 것도 할 수 없다. 패총 발굴로 얻을 수 있는 자료로는 패각, 짐승뼈, 물고기뼈, 토기편, 석기편, 수혈 주거지, 인골 등이 있는데, 이 자체는 아무 정보도 말해 주지 않는 '침묵하는 자료'일 뿐이다. 이로부터 우리들이 알아내고자 하는 정보를 뽑아내기 위해서는 여러 가지 방법으로 자료를 분석하고 종합하는 작업이 필요한데, 이러한 과정을 거쳐야만 비로소 '자료들이 말문을 열게' 된다. 패총에서 얻을 수 있는 가장 일반적인 자료인 패류를 예로 들어 생각해보자.

일본의 패총에서 발견되는 패류는 300종 이상으로 알려져 있다. 이는 조몬인들이 패류를 매우 적극적으로 이용하였다는 사실을 보여준다. 이미 조몬시대부터 패류 자원을 개발하여 사용하는 일이 성행하였던 것이다. 패총을 조사하면 어느 패총에서나 적어도 30~40종의 패류가 출토된다.

출토 종種을 하나하나 동정同定하고 그 학명을 표시한 것을 패류의 종명표種名表 또는 패류 구성貝類構成이라 하는데, 〈표 1〉이 그중의 한 예이다. 종명만 제시한다면, 출토 패류의 종류는 파악할 수 있으나 각각의 출토 비율에 대해서는 알 길이 없다. 따라서 발굴 당시의 상황을 토대로 출토량이 많은 종은 ◎, 출토량이 적은 종은 ○, 극히 소량만 출토되는 종은 △로 각각 표시하여 〈표 1A〉같이 만들기도 한다. 이를 통해 이사라고伊皿子 패총에서는 꼬막이 가장 많이 채집되었고, 바지락, 백합 등은 소량만 출토되었다는 사실을 알 수 있다. 그러나 이러한 정성 분석定性分析 결과로는 똑같이 ◎로 표시된 항목인 꼬막과 굴의 출토량이 동일한 것인지, 다르다면 어느 정도 차이가 나는지에 대해서는 알 수가 없

표 1

이사라고 패총의 패류 구성

A 정성 분석	종 이름	B 정량 분석(%)
최다 ◎	꼬막Anadara granosa	47.6
다 ◎	굴Crassostrea gigas	27.6
소 ○	가무락조개Cyclina sinensis	4.2
소 ○	새꼬막Anadara subcrenata	3.8
소 ○	바지락Tapes japonica	3.1
소 ○	떡조개Dosinorbis japonicus	2.4
소 ○	우럭Mya arenaria oonogai	1.9
희소 △	백합Meretrix lusoria	0.7
희소 △	동죽Mactra veneriformis	0.3
소 ○	피뿔고둥Rapana venosa	7.0
희소 △	기타 (73종)	1.5
		100.1

다. 또한 다른 패총에서 ◎ 항목으로 분류된 꼬막과 출토량을 비교하려 해도 정확하게 비교하기 힘들다. 이처럼 정성 분석만으로는 여러 패총 간의 패류 구성을 비교하거나 차이를 파악하는 것이 어렵다. 제2차 세계대전 이전의 패총 연구에서 패류 분석은 대체로 이 정도 수준에 머물러 있었다.

오늘날 패총 연구에서는 각 패류종의 출토량을 정확하게 알 수 있는 정량 분석定量分析 결과를 첨부하고 있다. 일정량의 패층을 채집한 후 그 안에 포함된 패류를 전부 분류하여 각 종의 개체수 중량을 백분율로 나타내면, 〈표 1B〉 같은 구성표를 만들 수 있다.[14] 이렇게 만든 자료는 패류 구성을 다른 패총의 그것과도 쉽게 비교할 수 있게 해준다. 다만 이 경우에는 한 가지 조건이 있는데, 개개 패류 구성의 수량 비율이 그 패총 전체를 대표해야 한다는 점이다.

패총을 발굴해본 경험이 있는 사람이라면 잘 알겠지만, 패층 가운데에는 국부적으로 특정 조개만이 집중해서 퇴적된 곳이 종종 있다. 굴로 된 순패층純貝層, 백합으로 된 순패층으로 불리는 것이 그 예이다. 따라서 패총의 패류 구성을 수량으로 나타낼 때에는, 이러한 국부적인 현상에 영향을 받지 않도록 주의해야 한다. 이를 위해서는 패총의 여러 지점에서 표본시료를 채취하여 대표값을 구하는 노력이 필요하다.

이처럼 패류 출토량에 대한 정량 분석 결과가 수합되면, 여러 패총들을 서로 비교하여 각 패총에서 이루어진 패류 채집 및 이용 양상의 특성에 대해 구체적으로 살펴볼 수 있다. 뒤에 자세히 서술하겠지만, 패총을 이루고 있는 조개의 총량을 추산하고 열량과 영양량을 산출하여 당시 식생활에서 패류가 어느 정도 역할을 하였는지까지 구체적으로 밝힐 수 있다. 이러한 다양한 정보를 얻기 위해서는 더 많은 양질의 자료를 획득하고, 더 정확히 분석하여 정보를 추출하려는 노력이 필요하다.

비교 연구의 중요성

이상에서 패총 간의 자료를 비교 연구하는 것이 중요하다는 사실을 알게 되었다. 비교 연구란 동일 지역의 패총에만 한정되는 것이 아니다. 외국의 패총 연구 가운데 주목할 만한 성과가 있을 때는 이를 활용하여 패총 연구를 한층 진전시킬 수도 있다. 한 예로 20세기 초 미국 고고학계에서 시도된 패총 연구가 주목된다. 샌프란시스코 만에 위치한 엘리스 랜딩Ellis Landing 패총*을 대상으로 넬슨N. C. Nelson

---

*샌프란시스코 만 북쪽에 있는 산 파블로 만San Pablo Bay에 맞닿은 저지대에 위치한 패총. 리치먼드Richmond 시가의 남쪽에 있었는데, 지금은 파괴되어 남아 있지 않다.

과 기포드E. W. Gifford는 패총 내 패층의 총량을 추산하는 연구를 시도하였다. 넬슨은 이 패총의 패층 총 체적을 126만m³로 추정하고, 패총에 거주하던 인구 100명이 1인당 하루에 1평방 야드의 패각을 버렸다고 가정한 후 약 3,500년에 걸쳐 패총이 형성되었다고 주장하였다(Nelson 1910). 또한 기포드는 넬슨의 자료를 이용해서 이 패총의 패층 총 중량을 51,085톤이라 추정하였다(Gifford 1916).

이러한 연구는 패총에서 패류가 지닌 식료로서의 역할을 평가하기보다는, 패총이 형성된 기간을 밝혀 연대를 추정하는 데 주목적을 둔 것이다. 여기에 이용된 추산의 근거는 고고학적인 사실보다는 추측에 따른 것이 많아 신뢰하기 힘든 측면도 있으나, '패총에 도대체 어느 정도의 조개가 버려졌을까'라는 중요한 문제를 밝히고자 했다는 점에서 선구적인 연구라 할 수 있다.

그 후 이들의 연구는 오랫동안 잊혔다가 1946년에 쿡S. F. Cook에 의해 다시 주목받게 되었다(Cook 1946). 쿡은 패층의 총량을 생계 경제의 복원이라는 측면에서 인식하고, 패류가 단백질의 공급원으로서 중요한 식료였음을 강조하였다. 나아가 뉴질랜드의 고고학자 쇼크로스W. Shawcross는 쿡의 생각을 한층 진전시켜, 패층의 체적을 추정하는 방법을 개량하여 패총 내의 조개로부터 어느 정도의 열량을 얻을 수 있는지를 추정하였다.* 그 결과 쇼크로스가 조사한 패총의 패각으로부터 4,234kg의 조갯살을 얻을 수 있으며, 그 총 열량은 2,752,116cal라고 계

쇼크로스가 조사한 패총은 뉴질랜드 북섬의 갈라테이아 만Galatea Bay에 있다. 뉴질랜드에는 오스트레일리아와 마찬가지로 수많은 패총이 존재한다.

산하였다. 이는 패총에 존재하는 전체 식료에서 얻을 수 있는 총 열량의 92.3%에 이르는 것이다(Shawcross 1967).

민족학적 연구의 도입

앞서 언급한 연구에서 패총에서 출토되는 자료 가운데 가장 많은 양을 차지하는 패류를 통해 선사시대의 생활상을 어떻게 복원할 수 있는지 명확히 알게 되었다. 특히 영양학적 분석은 종래의 패총 연구에서는 충분히 검토되지 못했던 것으로, 점차 그 중요성이 부각되고 있다. 더 나아가 민족학적[15] 시각에서 이루어진 패총 연구의 예를 보면, 패총을 통해 더욱더 흥미로운 사실들도 밝힐 수 있다는 점을 알 수 있다.

앞서 소개한 오스트레일리아 북부의 안바라 족*은 요즘도 다량의 패류를 섭취하고 있다. 안바라 족의 생계 양상을 종합적으로 연구한 미한 B. Meehan에 따르면, 패류가 안바라 족의 전체 식료 가운데 중요한 위치를 차지하는 것은 아니라고 한다. 미한은 1972년부터 1973년에 걸쳐 총 4개월 남짓 동안 안바라 족과 함께 생활하면서 그들의 생계 활동을 관찰하였다(Meehan 1977). 〈표 2〉에는 1972년 9월 한 달 동안 안바라 족이 섭취한 식료의 목록과 열량이 제시되어 있다. 이 표에 따르면 패류는 총 239kg이 채집되었는데, 이는 안바라 족이 한 달 동안 채집한 식료

안바라 족은 기징가리Gidjingali 어족語族에 속하는 오스트레일리아 원주민인데, 북부 오스트레일리아의 모레스비 항Port Moresbi의 동쪽, 아님랜드에 살고 있다. 이 지역은 아열대에 속하며 많은 수산 자원의 혜택을 받고 있다.

표 2   1972년 9월 오스트레일리아 원주민의 식단과 열량표(Meehan 1977)

식료 종류	총 무게(kg)	섭취 부위 무게(kg)	단백질(kg)	열량(kcal)	열량(%)
패류	239	50	10	40,000	3.6
맹그로브 mangrove 충	6	6	1	5,000	0.5
갑각류	14	8	1	7,000	0.6
유충류	0.5	p	p	p	p
어류	221	177	35	242,000	22.0
파충류	100	70	14	105,000	9.5
조류	30.5	21	4	64,000	5.8
포유류	87	65	12	196,000	17.8
과실, 견과류	141	10	2	33,000	3.0
야채류	6	6	p	8,000	0.7
개미집	0.5	p	p	p	p
꿀	8	8	p	13,000	1.2
구입 식품	131	105	10.5	388,000	35.2
합계	984.5	526	90	1,101,000	

당시 관찰 일수는 총 17일, 인구는 31명이었는데, 다음과 같은 방법으로 1일 1인당 영양량을 구할 수 있다.

1,101,000(kcal)÷17(일)÷31(명)=2,089.2kcal/1일 1인당(열량)

90(kg)÷17(일)÷31(명)=0.1707≒171g/1일 1인당(단백질량)

* p는 너무 적은 양이 존재하여 계측하기가 불가능한 것.

가운데 중량 면에서는 가장 많은 것이다. 그러나 239kg의 조개로부터 얻을 수 있는 열량은 섭취한 전체 식료의 약 3.6%, 단백질로 치면 11% 정도에 지나지 않는다. 이러한 점 때문에 미한은 종래 고고학 연구에서 패각의 양이 많다는 이유로 패류의 역할을 과대평가하였던 것은 아닌지 의문을 제기하였다.

패류는 버리는 패각 부위에 비해 섭취할 수 있는 조갯살 부위가 훨씬 적다. 안바라 족이 1년에 7톤의 패류를 소비한다고 해도 그 가운데 먹을 수 있는 부분은 2톤에 불과하며, 나머지 5톤은 패각이다.* 따라서 산더

미처럼 패각이 쌓여 있다고 해서 패류가 식료로서 가장 중요한 역할을 담당하였다고 볼 수는 없다. 한편, 미한은 패류가 식료로서 매우 특징적인 장점을 지니고 있다고 지적하였다. 그것은 패류는 다른 식료에 비해 채집하기가 무척 용이하다는 점이다.

안바라 족은 얕고 잔잔한 바닷가에서 패류를 채집하는데, 이는 여성, 어린이, 노인을 비롯한 대부분의 마을 구성원들이 모두 할 수 있는 노동이다. 어린이와 노인도 비교적 쉽게 일정량의 수확을 올릴 수 있다. 구릉지대에서 산고구마를 캘 때는 어린이가 벌에 쏘인다든지 벼랑에서 떨어진다든지 하는 위험 요소가 있지만, 얕은 바다에서 조개를 캘 때는 아이들로부터 눈을 떼어 놓아도 안전하다. 안바라 족 여성은 약 2시간이면 하루에 필요한 조개를 채집할 수 있다. 그 후에는 마을로 돌아가 여가 활동을 할 수 있다.

패류는 열량이 낮고 버리는 부분, 즉 패각이 많은 비경제적인 식료이지만, 누구나 쉽게 채집할 수 있고 일 년 내내 먹을 수 있다는 장점이 있다. 따라서 열량과 영양 측면에서만 일방적으로 평가를 내려서는 안 된다(Meehan 1977). 안바라 족의 사례는 선사시대 패총 연구에 시사하는 바가 크다. 위에서 언급한 내용들은 선사시대 사람들의 패류 채집과 소비를 연구할 때 반드시 고려해야 할 점들이다.

안바라 족의 마을은 약 30명으로 이루어져 있다. 이들은 1년에 약 5톤의 패각을 버리기 때문에 같은 곳에 10년간 거주하였다면 50톤 분량의 패총이 만들어진다. 이러한 예로 미루어 보아 대규모의 패총도 비교적 간단히 형성될 수 있음을 알 수 있다.

새로운 분석
방법의 도입

최근에는 패총 연구뿐만 아니라 고고학 연구 전반에 걸쳐 자연 과학의 여러 분야에서 개발된 다양한 분석법이 적용되고 있다. 예를 들면, 물리·화학적 방법을 이용하여 고고학 자료의 연대를 밝힌다든지, 광물과 금속의 성분을 분석하여 석기와 토기의 원산지와 교역 경로를 연구하는 예가 증가하고 있다. 패총 연구에서는 패류의 채집 시기를 밝혀낼 수 있는 성장선成長線 분석이 도입되어 커다란 성과를 얻고 있다(小池 1973).

이 방법은 고이케 히로코小池裕子가 개발한 것으로[16] 패류가 성장할 때 패각에 하루 한 개씩 성장선이 축적된다는 사실을 이용한 것이다. 성장선은 육안으로는 찾아내기 힘들지만, 패각을 세로로 절단하여 절단면을 마연하고 약품 처리를 한 뒤 표면의 레플리카replica를 현미경으로 관찰하면 〈그림 7〉에 나타나는 것과 같은 가느다란 성장선을 볼 수 있

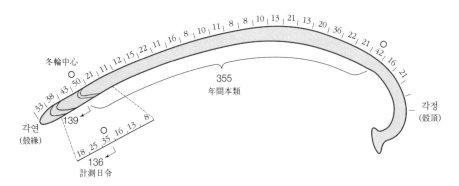

그림 7 백합 성장선을 이용한 채집 계절 추정(小池 1973)

다. 성장선은 나무의 나이테처럼 여름과 겨울에 성장 속도가 다르다. 수온이 높은 여름에는 성장이 빨라 성장선 간의 간격이 넓지만, 겨울에는 이와 반대로 좁은 간격으로 밀집된 형태로 만들어진다. 이러한 차이를 근거로 겨울철과 여름철에 형성된 성장선을 구분할 수 있고, 조개 단면에 나타난 성장선 양상으로써 그 조개가 겨울을 몇 번 났는지를 알 수 있다. 가장 바깥쪽 겨울 성장선부터 성장선 개수를 세어나간다면, 그 조개가 마지막 겨울로부터 어느 정도의 시간이 경과한 뒤에 죽었는지, 다시 말해 언제 채집되어 잡아먹혔는지를 알 수 있다. 이러한 원리를 이용하면 봄 여름 가을 겨울을 각각 2기로 나누고, 전체 1년을 8기로 구분하여 조개의 채집 시기를 밝혀낼 수 있다.[17]

〈그림 8〉은 이러한 방법을 이용하여 조몬시대의 패류 채집 계절을 밝혀낸 결과이다(小池 1979). 이에 따르면 패류 채집은 봄에 집중적으로 이루어진 경향이 나타나는데, 오늘날의 관행과도 일치한다. 그런데 모든 패류가 봄에 채집된 것이 아니라, 비록 소량이기는 해도 1년 내내 조개 채집이 이루어졌다는 점에 주목할 필요가 있다. 패총에 따라서는 가을이나 겨울에 상당량의 패류가 채집되었음을 보여주는 예도 있다.*

이러한 사실은 앞서 소개한 안바라 족의 패류 채집 경향과도 일치하여 흥미롭다. 일본의 조몬시대에도 패류는 일 년 내내 채집할 수 있었던, 그리 흔치 않은 특성을 지닌 식료 가운데 하나였으리라 생각한다. 성장선 분석을 이용하여 조몬시대 패류 채집 활동의 계절적 변화를 상

지바 시 동남쪽에 위치한 기도사쿠木戸作 패총에서는 패류 채집이 주로 가을~겨울에 이루어진 것으로 알려져 있다.

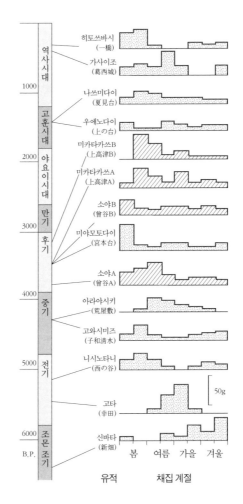

그림 8 패류 채집의 계절성 변화(小池 1979에서 일부 변경) | 사선 그래프는 패총의 패층, 산점 그래프는 주거지 또는 구덩이 내부 패층을 나타낸다.

세하게 알 수 있게 되었을 뿐만 아니라, 당시의 생계 활동 양상을 구체적으로 복원하는 것도 가능해졌다.

패총 연구에 이용되는 자연과학적 분석법 가운데 화석규조化石硅藻 분석이 있는데, 이 또한 매우 유용하게 활용되고 있다. 규조류는 물 속에 서식하는 아주 작은 생물인데, 규산을 포함하고 있는 탓에 흙 속에서 썩지 않고 보존된다. 규조류는 크게 민물 속에 서식하는 종과 바닷물 속에 서식하는 종, 그리고 민물과 바닷물이 들고 나는 기수汽域 지역에 서식하는 종으로 나뉜다. 패총 인근까지 바다가 진입한 시기가 있었다면, 그 바다 밑에 퇴적된 토층 속에는 바닷물 속에 서식했던 규조류의 화석이 포함되어 있을 것이다. 그러므로 패총 주변 토층에 천공穿孔을 내어 시료를 채집하여 그 속에 포함된 규조류의 종류를 조사하면, 패총이 형성될 당시 어디까지 바닷물이 들어왔었는지를 확인할 수 있다.*

이 분석 방법은 지리학과 지질학 분야에서 과거의 지형과 지리를 복원하는 방법으로 오늘날까지 널리 사용되고 있다. 이러한 방법을 이용하여, 도키 류시치가 복원한 조몬시대 해안선의 위치가 대체적으로 옳았음이 확인되기도 하였다. 또한 계곡에 진입했던 바다가 물러날 때, 각 지역마다 하천의 상황, 모래톱과 자연제방의 특성에 따라 해퇴 현상이 상당히 다양하게 진행되었다는 사실이 밝혀지기도 하였다(遠藤 1979).

---

*
충적지의 토층 가운데는, 바다였을 당시 서식하던 패류 화석으로 이루어진 자연 패층이 발견되기도 한다. 이에 대해 연구함으로써 패총 형성 당시의 환경과 패류 채집 양상 등을 알 수 있다.

II

패총에 대한 여러 가지 측정법

가소리加曾利 **패총 실측도 |** 위쪽에 환형으로 분포된 것이 가소리 북패총(조몬 중기), 아래쪽에 활이 마주 보고 있는 형태로 분포된 것이 가소리 남패총(조몬 후기~만기)이다(千葉縣教育委員會 1983).

.

1
패총의 크기

대패총과 소패총

간토關東 지방의 패총을 중심으로 조몬시대 편년을 연구한 고노 이사무甲野勇는 조몬 전기에는 규모가 작은 패총이 한데 모여 소패총군을 형성하는 경향을 보이다가 중기나 후기에 이르러서는 점점 대형화되었다고 지적하였다(甲野 1935).

고노는 패총의 규모가 패총을 형성한 집단의 인구와 거주 기간에 따라 결정되기 때문에 조몬 패총의 규모를 연구하는 데 있어서도 이 두 가지 요소를 고려하여야 한다고 주장하였다. 그는 전기의 소패총은 소수의 사람들이 비교적 단기간에 형성한 것임에 반해, 중기와 후기의 대패총은 다수의 사람들이 장기간에 걸쳐 만든 것이라고 해석하였다. 패총에 대한 조사가 충분히 이루어지지 않았던 1935년 당시로서 이러한 해석은 매우 적절한 것이었다. 특히 패총의 규모를 결정하는 기본 변수로 인구와 거주 기간 두 요소를 지적한 것은 상당히 탁월하다.

조몬시대 패총을 살펴보면, 확실히 규모 면에서 각 패총 간에 차이가 나는데, 패총을 실제로 보면 더 쉽게 느낄 수 있다. 예를 들어 지바 시千葉市의 가소리加曾利 패총과 이치카와 시市川市의 호리노우치堀之內 패총*을 직접 가서 보면, 수천 m²의 넓은 범위에 패각이 흩어져 있는 것을 볼 수 있다. 반면, 요코하마 시橫浜市의 가나자와 하케이金澤八景에 있는 쇼묘지稱名寺 패총**은 기껏해야 100m² 정도밖에 안 되어 무심코 지나쳐버릴 정도이다. 어떻게 동시대에 형성된 패총이 이렇게까지 차이가 나는 것일까? 세리자와 조스케芹澤長介는 이와 관련하여 대규모 패총은 사람들이 장기간에 걸쳐 한곳에 거주한 결과 형성된 것이라고 보았다.

세라자와는 호리노우치 패총을 예로 들어, "이 패총은 골짜기가 내려다보이는 대지의 한쪽 끝에 길이 약 300m, 폭 약 200m의 말굽 모양으로 패층이 쌓여 있다. 그 면적을 1만m²라 하고 패층의 두께를 평균 1m라 가정할 때, 패각의 총 체적은 1만m³이다. 호리노우치 패총에서 출토된 토기는 조몬시대 후기 초반부터 만기에 이르는 것까지 다양하다. 그러므로 조몬인이 후기 이래 줄곧 이곳에 거주하였다면, 1,000~2,000년 동안 패총이 형성된 것이다. 거주 기간을 1,000년으로 본다면, 1년 동안에 버려진 패각은 10m³이다. 매달 동일한 양의 조개를 섭취했다고 가정

—　•

이치카와 시 기타코쿠분 정北國分町에 있는 조몬시대 후기~만기의 패총. 200×100m의 범위에 패층이 분포한다.

—　••

요코하마 시 가나자와 구金澤區 가나자와 정金澤町의 쇼묘지 문 앞에 점점이 분포하는 패총군. A~G의 7개 패총이 알려져 있는데, 그 가운데 A~E의 5개는 조몬시대 후기~만기, 나머지 2개는 고훈시대~역사시대의 패총이다. A, B 패총은 돌고래뼈와 다수의 골각제 어구가 출토된 것으로 유명하다.

하면, 한 달에 0.83m³, 하루에 0.028m³가량의 패각이 폐기된 셈이다. 다시 말해, 한 사람이 하루에 섭취하기에 적당한 양의 조개를 계속해서 먹고 버린 패각이 1,000년 동안 같은 장소에 폐기된다면 호리노우치 패총 정도의 유적이 형성될 수 있는 것이다. 그러므로 조몬 후·만기의 패총 규모가 당시 취락과 인구의 크기를 반영한다고 단정하는 것은 위험하다. 호리노우치 패총의 면적은 한 시기 취락의 크기를 나타내는 것이 아니라, 이곳에 사람들이 거주하던 기간을 반영하는 것으로 보아야 한다"라고 설명하였다(芹澤 1960).

세리자와의 논리 전개에는 몇 가지 가정이 있는데, 고고학적 사실에 기초한 수치를 사용하지는 않았지만 상당히 합리적이다. 조몬시대 패총의 실제 크기가 겉으로 드러난 패총의 규모와 차이가 있다는 사실은, 1964년 조사된 마쓰도 시松戶市의 가이노하나貝の花 패총 발굴을 통해서도 알 수 있다.

가이노하나 패총은 오쿠도쿄 만奧東京灣의 동쪽 골짜기 깊숙한 곳에 위치한 조몬시대 중기~만기의 패총인데, 1964년 주택공단이 고가네하라小金原 단지를 조성하면서 파괴될 위험에 처해 긴급히 조사되었다. 대지臺地 위에 동서 87m, 남북 80m 규모의 말굽 모양으로 분포하는 대규모 유적으로, 패층 아래에서 중기~만기에 걸치는 주거지 35기가 발굴되었다. 중기에는 수혈 주거지가 폐기된 후 패층이 형성된 이른바 '지점 패총地点貝塚'인 데 반해, 후기에는 주거지 바깥쪽으로도 패층이 넓게 형성되어 있었다. 따라서 중기부터 후기에 걸쳐 패층이 지속적으로 퇴적된 결과 말굽 형상의 패층이 형성된 것으로 생각된다. 중기부터 후기에 걸쳐 패층이 형성된 결과를 그대로 반영하고 있는 셈이다. 이를 토

대로, 가이노하나 패총의 규모는 '결과로서의 크기'를 나타낸다고 할
수 있다.

이와 반대로, 쓰보이 기요타리坪井淸足는 패총 규모를 연구할 때는 패
총의 형성을 주도한 취락 인구에 초점을 두고 조몬시대 중기부터 후기
에 걸쳐 일어난 인구 증가 현상을 고려해야 한다고 주장하였다. 지바 시
에서 이치카와 시에 걸친 도쿄 만 연안의 약 50km² 지역에는 가소리 패
총, 호리노우치 패총을 비롯한 대규모 환상環狀 패총이 20개 이상 존재
하고 있고, 소규모 패총도 다수 분포하고 있다. 쓰보이는 이렇게 좁은
지역 내에 다수의 패총이 형성된 것은 조몬시대 중기~후기에 인구 증
가가 일어났다는 사실을 반영하는 것이라고 보았다. 또한 늘어난 인구
를 유지하기 위해 어로 활동뿐만 아니라 시모우사 대지下總臺地 같은 넓
은 배후지를 이용한 농업 생산도 어떤 형태로든 이루어졌을 것이라고
주장하였다(坪井 1962).

패총 크기의 기준

이처럼 패총의 크기는 당시 패총을 형성한 취락의 인구, 또
는 패총 형성 기간과 밀접하게 연관 있는 것으로 이해한다. 패총의 크기
를 추정할 때, 외관상의 규모를 기준으로 피상적인 연구를 하는 경우가
많다. 따라서 대패총이라 분류할 때, 그것이 실제로 어느 정도 규모의
패총을 일컫는지에 대한 명확한 기준이 없다. 사하라 마코토佐原眞는 이
러한 문제를 해결하고자, 패층 분포 면적이라는 기준을 사용하여 조몬
시대 패총을 비교하였다.

사하라는 〈그림 9〉에 제시한 바와 같이, 각 패층이 지표면에 분포하

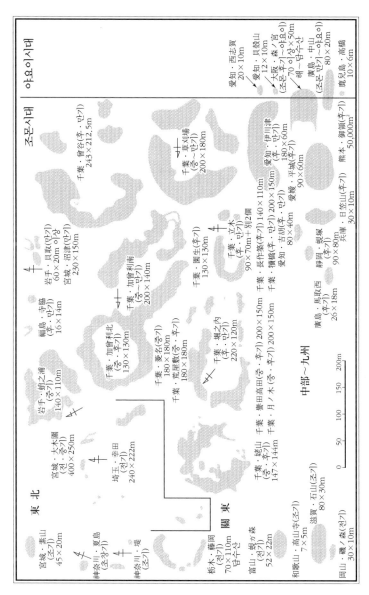

そ림 9 패총의 평면 규모 비교(佐原 1975)

는 면적을 토대로 각 시기의 패총 규모를 산출하였다. 이를 보면, 앞서 쓰보이 기요타리가 지적한 지바 현의 도쿄 만 연안을 따라 분포한 패총들의 규모가 다른 패총에 비해 월등하게 크다는 것을 알 수 있다. 〈그림 9〉에는 수치만 제시되어 있는 혼다 다카다豐田高田, 스키노키月ノ木, 고테하시犢橋 패총 등의 면적까지 더하면, 이 지역은 그야말로 거대 패총이 집중 분포한 '패총 중심지貝塚銀座'라는 느낌이 든다. 이와 유사한 규모를 지닌 패총으로는 아이치 현愛知縣의 이카와즈伊川津 패총,* 이와테 현岩手縣의 다코노우라蛸之浦 패총** 그리고 〈그림 9〉에는 제시되어 있지 않지만 미야기 현宮城縣의 센다이 만仙台灣 주변에 존재하는 사토하마里浜 패총, 다이키가고이大木圍 패총*** 등이 있다.

앞서 세리자와 조스케는 대규모 패총은 오랜 기간에 걸쳐 패각을 폐기한 결과 형성된 것이라고 설명하였는데, 이 정도로 규모 차이가 크다면 패총을 형성한 집단의 인구 차이도 고려해야 한다. '대패총＝대규모 취락＝인구의 집중'이라는 도식이 암묵적으로 많은 사람들의 지지를 얻고 있는 것도 이런 이유에서이다.

패총 크기를 측량하는 방법으로는 패층의 분포 면적을 이용하는 방법 외에도, 이미 반세기 전에 넬슨N. C. Nelson이 제시한 패층의 체적을 이

---

* 아쓰미 군渥美郡 아쓰미 정渥美町에 있는 조몬시대 후기~만기의 패총. 인골이 다량 출토된 것으로 유명하다.

** 오후나토 시大船渡市에 위치한 조몬시대 중기의 패총. 산리쿠 연안의 패총으로서는 최대급이다.

*** 센다이 만 주변에는 미야토지마 섬宮戶島을 중심으로 사토하마 패총, 다이키가고이 패총, 네마즈沼津 패총 등 잘 알려진 유적들이 집중 분포해 있다.

용하는 방법도 있다. 논리적으로 보면 면적은 2차원 단위인 데 비해 체적은 3차원 단위이기 때문에 체적을 이용하는 방법이 더 합리적이다. 패층은 어느 정도의 두께로 퇴적되어 있으므로, 면적뿐만 아니라 두께까지도 고려해야 한다.

확실히 패총의 규모는 패층의 면적보다 체적으로 산출하는 것이 더 정확하다. 문제는 패층의 체적을 측량하는 것이 면적을 측정하는 것보다 훨씬 어렵다는 점이다. 패층의 분포 면적은 패총의 지형을 측량하여 지표면에 흩어져 있는 패각의 분포 범위를 파악하면 비교적 쉽게 계산할 수 있다. 이에 비해 패층의 체적을 산출하기 위해서는 패층의 두께까지 알아내야 하는데, 패총의 상당 부분을 발굴하지 않고서는 두께를 알수가 없다. 나아가 대부분 부정형을 이루고 있는 패층의 체적을 정확하게 산출하기 위해서는, 계산 과정에서 생기는 오차와 계산 결과의 신뢰도를 검증할 수단을 고려해야 하는 등 매우 복잡한 과정을 거쳐야 한다. 이러한 문제로 인하여 패총의 규모를 체적으로 나타내는 시도가 활발히 이루어지지 못하고 있다. 서로 다른 방법으로 측정해보아도 패총의 규모가 동일하다면 좋겠지만, 측량 방법에 따라 결과가 달라진다면 문제가 심각해질 수 있다. 따라서 정확한 패총 규모를 알기 위해서는 근거 없는 가정에 입각한 측량 방법은 과감히 제외하고, 패총의 크기를 측정하는 가장 합리적인 방법을 강구하려는 노력이 필요하다.

2

패총 체적 측정법

이 사 라 고
패총의 조사

패층 체적을 측정하여 패총의 규모를 밝히기 위
해서는 어떤 방법을 사용하든지 간에 패총의 상당 부분을 발굴하지 않
으면 안 된다. 뉴질랜드에서 쇼크로스W. Shawcross가 시도하였던 패층
체적 측정법은 지금까지 시행된 방법 가운데 가장 주목할 만하지만, 이
방법은 발굴한 부분의 패층 체적만을 밝혔기 때문에 패총 전체의 체적
에 대해서는 알 수 없다는 단점이 있다. 패총의 총 체적을 구하기 위해
서는 대규모의 계획적인 조사가 시행되어야 하는데, 뜻밖에도 필자가
소속한 대학 바로 옆에 있는 보존 상태가 양호한 패총을 조사할 수 있는
행운이 찾아왔다.

　1978년 봄 도쿄도교육위원회東京都教育委員會가 미나토 구港區 미타三
田 4 초메丁目에 있는 이사라고伊皿子 패총의 조사를 의뢰하였다. 도쿄
도교육위원회의 설명에 따르면, 이사라고 패총이 있는 자리에 일본전신

전화공사(현 NTT)가 대규모 컴퓨터 센터를 신축하게 되어 유적 전체가 사라질 상황이니 공사에 앞서 유적 조사를 실시해야 한다는 것이었다.

이사라고 패총은 『주신구라忠臣藏』의 47인 사무라이로 유명한 다카나와센가쿠지高輪泉岳寺의 인근이자, 일본 철도 야마노테 선山手線의 시나가와品川∼다마치田町 구간의 다카나와 대지高輪臺地 동쪽 사면에 위치해 있었다. 1925년에 미쓰이三井 재벌 일가가 이곳에 저택을 건축하면서 패총이 발견되었기 때문에 '이사라고 미쓰이 저택 내 패총'으로 알려졌다. 저택을 건설할 당시에 패총의 주요 부분이 이미 파괴되었을 것으로 추정되었다. 간신히 남은 패총의 일부나마 조사할 수 있으면 좋겠다는 생각에, 그리고 필자가 소속한 대학에서 걸어서 채 10분도 안 걸리는 거리이기에, 가벼운 마음으로 조사 요청을 받아들였다.

그런데 1978년 7월에 조사를 시작하고 보니, 예상과는 달리 보존 상태가 매우 좋은 패층이 남아 있었다. 패총의 규모는 지금까지 알려진 것의 2배 이상이었다. 패총은 옛 미쓰이 저택과 그와 연결된 일본 건축과 정원에까지 형성되어 있었는데, 일본 건축은 기초 공사 때 흙을 깊게 파내지 않는 편이어서 패총이 보존된 듯하다.

8월 말경에는 패층의 넓이가 300m^2 이상이며, 두께도 1m에 가깝다는 사실이 밝혀졌다. 도쿄 시내에 존재하는 패총 가운데 상당히 상태가 좋은 패총이었다(책머리 사진 참조). 따라서 이사라고 패총 조사 계획을 전면적으로 재조정해야 하였다. 패층의 보존 상태도 매우 양호하여 굴과 꼬막으로 이루어진 순패층이 두껍게 쌓여 있었기 때문에 발굴을 진행하기보다는 보존하는 것이 더 좋겠다는 의견도 나왔다. 그러나 전신전화공사의 계획과 그 밖의 현실적인 문제를 고려한 결과, 보존은 곤란

하다는 결론에 이르게 되었다. 따라서 이제까지의 패총 조사 성과를 바탕으로 차후 패총 연구를 발전시키는 데 필요한 조사 방법을 개발하는 방향으로 조사를 진행하기로 하였다. 그 가운데 하나가 패총의 체적을 정확하게 측정하는 방법을 개발하는 것이었다.

여러 가지 체적 측정법

이사라고 패총의 체적을 구하기 위해 세 가지 서로 다른 방법을 적용해보았다. 이는 각기 장단점을 지니고 있는 여러 측정법을 서로 비교하여, 가장 경제적이면서 정확도가 높은 방법이 무엇인지를 밝혀내기 위한 것이었다. 이 세 가지 방법은 각각 등고선법, 각주법, 평균두께법이다(〈그림 10〉 참조).

① 등고선법 : 대규모 댐 건설에 대비하여 예정지의 수용량水容量을 계산할 때 쓰는 방법을 응용한 것이다. 〈그림 10〉의 1처럼, 패총 전체를 일정한 두께로 수평으로 잘라서 하나하나의 체적을 구하고 마지막에 이를 모두 합산하여 총 체적을 구하는 방법이다. 구체적으로 설명하면, 먼저 패총의 상면을 모두 노출시켜 패총의 요철을 5cm의 등고선으로 표시한 지도를 만든다. 이때 사진 측량 기술을 이용해서 지도를 작성한다. 그 다음 단계에서는 패층을 모두 파낸 뒤, 바닥면 요철을 같은 방법으로 5cm 등고선 지도로 작성한다. 이러한 방법으로 만든 지도에서 동일 등고선으로 둘러싸인 면적을 모두 측정하는데, 이 단계에서는 정밀도가 높은 광학면적측정기를 사용한다. 마지막으로 전체 등고선 면적을 합산하고 거기에 등고선의 높이 5cm를 곱하면 패총의 총 체적을 구할 수 있다. 이 방법은 등고선을 5cm 단위로

설정하여 체적을 구하기 때문에, 세 가지 방법 가운데 가장 정밀하다.

② 각주법 : 택지 조성 시 대지의 일부를 깎아서 그 흙을 사면에 채워넣어 평탄한 토지를 만들고자 할 때 깎아낸 흙의 양이나 메운 흙의 양 등을 계산하기 위해 사용하는 점고법点高法을 응용한 것이다. 〈그림 10〉의 2처럼, 패층을 일정 단위 면적을 가진 각주角柱의 집합체로 여겨 각주의 체적을 전부 더해 패층의 총 체적을 구한다. 먼저, 패층의 윗면과 아랫면에 일정한 간격으로 방안(그리드grid)을 그려 그 교점의 높이를 측정한다. 이때 해발고도를 이용하면 편리하다. 방안 교점의 높이, 즉 패층 윗면과 아랫면의 표고標高 차이는 패층의 두께를 나타낸다. 네 모서리 지점의 높이를 구해 평균을 내면, 이것이 바로

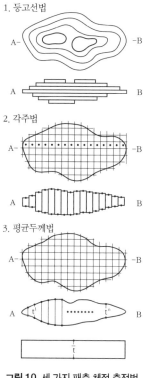

1. 등고선법

2. 각주법

3. 평균두께법

그림 10 세 가지 패층 체적 측정법

특정 각주의 높이 평균, 즉 각주 모양의 패층 두께가 된다. 여기에 각주의 밑면적을 곱하면 그 각주의 체적을 알 수 있다. 이러한 방법으로 각 각주의 체적을 구해 모두 더하면 패층의 총 체적을 구할 수 있다. 이 방법을 이용할 때 방안 교점에 의한 패층 윗면과 아래면 표고값을 정확히 측정하고 방안의 간격을 좁게 한다면, 상당히 정확한 체적을 구할 수 있다.

③ 평균두께법 : 〈그림 10〉의 3처럼 패층 분포 면적에 패층의 두께를 곱해서 체적을 구하는 방법으로, 가장 간편한 방법이다. 패층의 두께는 앞의 각주

법과 마찬가지로 방안 교점을 이용하여 산출한 평균치를 이용한다. 정확도 면에서는 가장 떨어지지만, 패층의 단면도가 남아 있고 이로부터 패층 두께의 평균치와 패층의 분포 면적을 구할 수 있다면 과거 시행된 발굴에 대해서도 패층의 체적을 계산할 수 있다는 장점이 있다. 패층 분포 면적은 측정이 쉽고 오차가 적은 데 비해, 패층의 두께는 측정이 어려우므로 이를 정확히 산출하는 것이 총 체적의 정확도를 높이는 관건이다.

위에서 설명한 세 가지 측정법을 사용하여 이사라고 패총의 패층 체적을 측정하였는데, 실제 적용할 때는 기본 방법을 응용하여 총 여섯 가지 방법으로 측정하였다.*

① 5cm 등고선법(측량회사 실시)	등고선법
② 50cm² 각주법 X(측량회사 실시)	각주법 응용
③ 50cm² 각주법 Y(조사단 실시)	각주법 응용
④ 1m² 각주법 Z(조사단 실시)	각주법 응용
⑤ 50cm 평균두께법 A(조사단 실시)	평균두께법 응용
⑥ 1m 평균두께법 B(조사단 실시)	평균두께법 응용

①과 ②의 방법은 전문 측량회사에 의뢰해 사진 측량, 정밀도화기精密圖化機, 광학면적측정기 등의 기술을 이용하였다. 이로써 측량할 때의 오차를 최소한으로 줄일 수 있었다. ③은 ②와 똑같은 방법을 조사단이

측정하는 대상의 측정치가 불명확하고 측정법에 일정한 공식이 존재하지 않을 때에는, 되도록 여러 가지 방법을 이용하여 대상을 측정하고 그 결과를 비교하는 것이 신뢰도를 높이는 방법이라고 생각하여 이와 같이 시도하였다.

패층 발굴을 시행하면서 적용한 것인데, 그 결과를 ②와 비교하여 사진 측량이 아닌 수동 측량의 결과를 어느 정도 신뢰할 수 있는지를 검토해 보았다. ④는 ③의 방법을 더욱 간략히 한 것으로 그 결과를 ①~③과 비교하여 손이 덜 가는 간편한 측정법의 신뢰도를 검증해보고자 하였다. 마찬가지로 ⑤와 ⑥의 평균두께법을 시도한 것도, 발굴 현장에서 가장 손쉽게 실시할 수 있는 체적 측정법의 정확도를 확인해보기 위한 것이었다.

이사라고 패총의 체적

위에서 언급한 6가지 방법을 적용하여 이사라고 패총의 체적을 산출한 결과는 〈표 3〉과 같다. 결과는 조사 전에 예측하였던 것과 거의 일치하였다. 다시 말해, 정밀도가 높은 방법을 적용할수록 더 작은 값의 체적이 산출되는 결과가 나타났다. 정확도나 방법적으로나 가장 좋다고 생각한 등고선법으로 체적을 구한 결과가 290.3㎥라는 최소값으로 나타났고, 그 아래로 측정법의 정확도가 떨어질수록 결과값이 조금씩 커지는 것을 볼 수 있다. 평균두께법의 ⑤와 ⑥에서는 그

표 3   패층 체적 계산법과 그 결과

방법	체적(㎥)	오차 거리(5cm 등고선법을 기준으로)(%)
① 5cm 등고선법	290.3	0
② 50cm² 각주법 X	295.3	+1.8
③ 50cm² 각주법 Y	297.2	+2.4
④ 1m² 각주법 Z	298.0	+2.7
⑤ 50cm 평균두께법 A	300.7	+3.6
⑥ 1m 평균두께법 B	298.7	+2.9

순서가 바뀌었지만, 그 차이는 2.0m³,[1] 백분율로는 0.5% 이하이므로 거의 같은 정확도로 볼 수 있다.

체적 측정치의 최소값과 최대값의 차이는 ①과 ⑤의 10.4m³로 3.6%인데, 전체적으로 매우 만족스러운 결과를 보였다. 특히 ③~⑥과 같이 수동으로 측량하여 얻은 결과가 사진 측량과 도화기 등을 이용해 얻은 결과와 크게 다르지 않다는 점은 주목할 만하다. 수동 측량*은 총 18개월에 이르는 발굴 기간에 걸쳐 실시되었으며 여러 사람에 의해 이루어진 것이다. 따라서 어디에선가 오류가 발생하였을 가능성이 높고, 그 결과 측정값의 신뢰도가 떨어질 것으로 예측하였다. 그런데도 ②와 똑같은 방법을 수동으로 실시한 ③의 결과가 겨우 1.9m³,[2] 0.6%의 차이밖에 보이지 않는다는 점은 매우 고무적이었다.

대개 세밀한 방법으로 측정된 체적에 대해 상대 오차가 전체의 1% 정도에 그친다면 그 정확도는 충분히 믿을 만하다고 본다. 따라서 ③의 방법은 ②의 방법과 정확도 면에서 크게 차이가 나지 않는다고 할 수 있다. ①, ②의 방법으로 패총의 체적을 구하기 위해 패총의 윗면과 아랫면을 사진 촬영하고 이를 그림으로 바꾸는 데 많은 시간과 비용이 소요되는 것에 비하면, ③, ④의 방법은 발굴 조사와 동시에 진행이 가능하면서 계산기 등을 이용하여 간단히 계산하면서도 동일한 정확도의 결과를 얻을 수 있다. 뒤에 좀더 자세히 기술하겠지만, 패총의 체적을 산출하여 이를 토대로 해결할 수 있는 고고학적 문제는 매우 다양하다. 이러

수동 측량은 일반적으로 사용하는 레벨(수준측정기)을 사용하여 다수의 조사원이 매일 측정한 것이다. 이 때문에 측정값에는 각 개인이 측정기를 판독할 때 생길 수 있는 착오, 레벨을 설치할 때 생긴 오차, 결과 기입 시의 실수 등 여러 가지 오류가 포함될 가능성이 높다.

한 점을 감안할 때, 가능한 한 저렴하고 간편한 방법으로 패층 체적을 측정하는 것이 효과적이다.

정밀도가 높은 방법을 쓸 때 더욱 신뢰할 수 있는 결과를 얻을 수 있다는 사실은 등고선법의 결과를 통해 명확히 알 수 있지만, 고고학 조사에서는 단순히 정밀도가 높은 방법보다는 경제적으로 효율성이 높고, 사용하기 쉽고, 무엇보다도 조사 진행 과정과 조화를 이루는 방법을 선택하는 것이 중요하다. 이러한 사항을 종합적으로 검토할 때, ⑤와 ⑥의 평균두께법이 가장 적용하기 좋다는 결론에 이르게 되었다. 평균두께법으로 측정된 결과를 ①의 등고선법 결과와 비교한다면, 패총의 체적을 구하는 방법과 그 결과에 대해서 일관된 평가를 내릴 수 있을 것이라 생각하였다.

3
패총 규모 비교

**패층 분포 면적과
체적 비교**
            이사라고 패총 발굴을 통해 패층 체적을 구하는 방
법을 개발할 수 있었는데, 이를 응용하여 조몬시대 패총의 크기를 비교
해 보았다(鈴木 1985). 지바 현 기도사쿠木戸作 패총*에서도 패층 체적을
측정하는 시도가 이루어졌다(千葉縣文化財センター 1979). 지바 현 가소리
加曾利 남패총南貝塚에서는 환상環狀으로 분포하는 패층을 종횡으로 시
굴한 바 있는데, 단면도가 보존되어 있어 그것을 이용하여 패층의 면적
과 체적을 계산할 수 있었다(〈그림 11〉 참조).** 이들 세 패총의 패층 면적
과 체적을 비교한 것이 〈표 4〉이다.

•

지바 시 동남부에 있는 조몬시대 후기 초반의 패총.

••

기도사쿠 패총에서는 앞에서 언급한 평균두께법 B, 가소리 패총에서는 평균두께법을 응용한
방법이 적용되었다.

그림 11 세 패총의 위치

〈표 4〉에서 이사라고 패총의 수치는 등고선법으로 얻은 패층 체적 290.3m³의 2배를 패층의 총 체적으로 삼았다. 이는 이사라고 패총을 조사한 결과, 미쓰이 저택을 건설하면서 패총의 절반 정도가 파괴된 것으로 파악되었기 때문이다. 따라서 패층 분포 면적도 측정치 351m²의 2배인 700m²로 하였다. 기도사쿠 패총은 평균두께법을 이용하여 패층 체적을 산출하였다. 이 방법은 등고선법보다는 정확도가 떨어지기 때문에 더욱 정밀하게 측정했을 때보다 3~5%가량 큰 수치가 산출되었을 가능성을 고려해야 한다.

가소리 남패총의 패층 체적은 단면도에 나타난 패층의 두께 평균치를 이용하여 계산하였다. 이는 평균두께법을 응용한 것이라 할 수 있는데,

표4		세 패총의 규모 비교	
비교 단위	이사라고 패총	기도사쿠 패총	가소리 남패총
A. 패층 분포 면적(m²)	700	1,440	9,453
B. 패층 체적(m³)	580	451	5,465
C. 토기 형식으로 추정한 유적 존속 기간	1	1	7
D. 이사라고 패총 기준 면적 비율	1	2.0	13.5
E. 이사라고 패총 기준 체적 비율	1	0.78	9.4
F. 동일 형성 기간 기준 체적 비율	1	0.78	1.3

이사라고 패총에서 시도하였던 모의실험에 비추어볼 때 정확도가 높은 측정법에 비해 10~20% 정도 큰 수치가 나올 가능성이 높다.

이와 같은 조건 속에서 이사라고 패총, 기도사쿠 패총, 가소리 남패총을 비교하면, 〈표 4〉의 D 이하와 같은 결과가 나온다. 이사라고 패총의 패층 분포 면적을 1로 할 때, 기도사쿠 패총은 2배, 가소리 남패총은 13.5배의 면적이었던 것으로 나타났다. 조몬시대 후기에 도쿄 만 내부에 형성된 이 세 패총은 규모면에서 상당히 차이가 있었음을 알 수 있다. 그중에서도 가소리 남패총은 규모면에서 매우 강한 인상을 주는데, 이로 인해 가소리 남패총과 같은 환상 패총은 대형 패총이라는 인식이 생긴 것이다. 반면 패층의 체적을 비교하면 면적에서는 이사라고 패총의 2배였던 기도사쿠 패총이 0.78배로 오히려 줄어들고 만다(〈표 4〉의 E). 이는 기도사쿠 패총의 패층이 이사라고 패총에 비해 상대적으로 넓은 범위에 얇게 퇴적되었기 때문으로 외관상의 면적 때문에 규모가 과대평가되었음을 보여준다.

이상의 비교 결과를 통해, 이사라고 패총과 기도사쿠 패총은 패층 체적으로 보면 거의 같은 규모의 패총이었음을 알 수 있다. 결국, 이러한 사실은 패총의 규모를 비교할 때에는 패층의 면적보다는 체적을 이용하는 것이 더 합리적이라는 사실을 일깨워준다. 그런데 가소리 남패총은 체적을 비교해도 이사라고 패총의 9.4배 크기로, 명백히 대형 패총이라 할 수 있다. 그러나 지금까지는 패총의 형성 기간을 전혀 고려하지 않고 규모를 비교한 것이었다. 이사라고 패총과 기도사쿠 패총은 거의 동일한 기간 동안 형성되었다고 판단되지만, 가소리 남패총은 그보다 훨씬 오랜 기간에 걸쳐 형성된 것이 확실하다. 따라서 세 패총의 규모를 제대로 비교하기 위해서는 형성 기간까지도 고려해야만 한다.

패총의 형성 기간과 규모

패총의 규모는 생활양식과 주변 환경이 동일하다면, 사람들이 그곳에 거주하던 기간(패총의 형성 기간)과 패총 형성에 관여한 인구의 규모에 따라 정해진다.* 따라서 인구 문제는 일단 고려하지 않은 채, 여러 패총의 형성 기간이 동일하다는 가정하에 패총의 규모를 비교해볼 필요가 있다. 이를 위해서는 패총의 형성 기간을 일정한 시간 단위로 표현하지 않으면 안 된다. 가장 좋은 방법은 물리학 또는 화학적 방법을 이용하여 패총의 형성 기간을 직접 측정하는 것이지만, 현재로서는 불가능하다. 차선책으로 고고학계에서 보편적으로 이용되고 있는 상대적 시간 척도를 사용해보자.

고고학 연구법 가운데에는 토기의 형태와 문양의 변화를 토대로 형식

패총의 규모를 k, 인구를 x, 형성 기간을 y라고 할 때, 이들의 상관관계는 x · y＝k라는 식으로 나타낼 수 있다. 그러므로 인구와 형성 기간이라는 두 변수는 패총 규모에 대하여 서로 반비례한다.

型式을 구분하여 시간적인 변화를 밝히는 토기형식편년土器型式編年*이라는 방법이 있다. 일본 고고학, 특히 조몬시대 연구에서는 토기 형식에 따른 편년이 매우 세밀하게 이루어지고 있다. 조몬시대 전체를 크게 6기로 구분하고 그 각각을 다시 토기 형식에 따라 세분하는데, 이를 이용하면 패총 형성 기간의 상대적인 길고 짧음을 파악할 수 있다.

토기 형식을 시간의 단위로 삼아 이사라고 패총, 기도사쿠 패총, 가소리 남패총의 형성 기간을 표현하면 〈표 4〉의 C와 같다. 이사라고 패총과 기도사쿠 패총에서는 '호리노우치堀之內 1식'이라는 토기 형식만 발견되었기 때문에 그 형성 기간을 1로 표시하였다. 반면에 가소리 남패총에서는 7개의 토기 형식이 확인되었다. 따라서 가소리 남패총은 이사라고, 호리노우치 두 패총에 비해 토기 형식으로 볼 때는 7배의 형성 기간이 걸렸다고 할 수 있다. 물론 이는 모든 토기 형식의 존속 기간이 동일하다는 가정을 전제로 한 것이다. 실제로 조몬시대 전 시기에 존재하였던 토기 형식이 모두 동일한 존속 기간을 가졌다고는 할 수 없다. 그러나 세 패총이 조몬 후기 도쿄 만 연안 지역에서 동일한 토기 형식을 사용하였다는 점에서, 위의 세 유적에서 출토된 토기의 형식 차이는 패총 형성 기간의 차이로 간주하여도 별 무리가 없을 것으로 생각된다.**

이러한 방법을 적용해볼 때, 적어도 가소리 남패총의 형성 기간은 이

---
*

어떤 특징을 지닌 토기 형식이 사용되었던 기간을 그 형식의 존속 기간이라 하고, 이를 하나의 시기로 간주하여 편년을 시도하는 방법이다.

**

수천 년에 걸쳐 존재하였던 조몬 토기 가운데 어떤 형식은 매우 짧은 기간 동안만 사용되었고, 또 다른 형식은 오래 기간 지속적으로 사용되었을 것이다. 그러나 같은 지역 내에서 같은 토기 형식을 쓰는 경우, 그 존속 기간은 상대적으로 균등했다고 간주할 수 있다.

사라고, 기도사쿠 두 패총에 비해 훨씬 길었음을 알 수 있다. 이는 일찍이 세리자와 조스케가 호리노우치 패총의 크기를 장기간에 걸쳐 형성된 결과라 설명했던 것과 일치한다. 세 패총의 규모를 토기 형식 한 시기당으로 환산해서 비교해보자. 각각의 토기 형식으로 나타낸 기간으로 패총의 체적을 나누어보면, 〈표 4〉의 F에서 알 수 있듯이 이사라고 패총의 규모를 1로 할 때 기도사쿠 패총은 0.78, 가소리 남패총은 1.3이 된다. 따라서 패총의 규모를 분포 면적이 아닌 체적으로 나타내고 패총의 형성 기간을 고려하여 체적을 비교해본다면, 위의 세 패총의 규모가 거의 동일하다는 결론에 도달하게 된다.

패총 규모의 비교를 통해 얻은 교훈

패총의 규모를 비교하는 데는 위에서 살펴본 것과 같이 다양한 기준과 방법이 있다. 이 중 어떤 방법을 사용하더라도 결과가 동일하게 나온다면 문제가 없겠지만, 기준과 방법에 따라 결과가 크게 달라진다면 가장 합리적인 방법을 선택한 뒤 그 결과에 대해 고고학적 해석을 해야 한다. 앞의 연구에서 세 패총을 비교한 결과, 면적에서 13배 이상의 차이를 보였음에도 존속 기간을 고려해보니 거의 동일하다는 결론에 이르게 되었다.* 이는 조몬시대 패총의 형성을 이해하는 데 다음과 같은 점을 고려해야 함을 시사한다.

첫째, 조몬시대 패총들 간에 보이는 규모의 차이는 기본적으로 세리

----

*패총의 규모를 측정할 때에는 패층의 총 체적 외에도 패각의 총 중량, 조개로부터 얻을 수 있는 열량 등도 함께 고려하는 것이 더 합리적이다. 그러나 이사라고 패총 이외의 패총에서는 이들 요소를 산출할 근거가 없어 시도하지 못하였다.

자와 조스케가 지적하였듯이 사람들의 거주 기간에 따라 결정된다. 다시 말해, 패총의 크기란 패총의 존속 기간(형성 기간)의 길고 짧음에 기초한 겉보기의 크기에 불과하다는 것이다. 둘째, 이른바 거대 패총이라 불리는 가소리 남패총이나 일반적인 규모의 이사라고 패총과 기도사쿠 패총 모두 한 시기당 패총의 규모가 거의 같다는 사실은, 모든 패총에서 패총 형성에 관여한 인구의 규모가 유사하였음을 시사한다.

첫 번째 결론을 토대로 대규모 패총은 오랜 기간 동안 사람들이 지속적으로 거주하였던 장소였음을 알 수 있다. 이사라고 패총과 기도사쿠 패총에서는 일정 기간 거주하면서 패류를 중심으로 한 수산 자원을 집중적으로 이용하다가, 어떤 이유에서건 그 곳을 떠난 뒤 다시 같은 장소로 되돌아오지 않았던 것이다. 이에 비해 가소리 남패총은 수산 자원의 이용과 그 밖의 조건이 위의 두 패총보다 유리하여 더 장기간에 걸쳐 사람들이 거주하였던 것이다.

두 번째 결론은, 오랜 기간 거주가 가능하였던 유리한 조건이라 해도 수렵·채집 사회가 지닌 일정한 제약을 받을 수밖에 없었음을 일깨워준다. 한 시기당 패총의 규모가 거의 동일하다는 것은 그 패총의 형성에 관여한 인구 규모가 기본적으로 같은 수준이었음을 보여준다. 가소리 남패총의 조건이 아무리 양호하다 해도, 한 시기당 인구의 규모를 3배, 4배로 늘릴 수 있을 만큼 풍족하지는 않았다. 다시 말해, '유리한 조건'이라는 것이 패총의 형성에 관여한 인구를 3배, 4배로 증가시킬 정도는 아니었다는 것이다. 이는 수렵·채집·어로라는 획득 경제가 자연 환경 속에 존재하는 식료 자원, 그것을 소비하는 인간의 개발력, 그리고 인구 규모 사이의 균형으로 이루어지는 것이라는 점을 생각해볼 때, 당연하다 할 수 있다.

　조몬시대 패총은 전체적으로 볼 때, 조기·전기에는 규모가 작고, 중기부터 후기에 걸쳐 규모가 커진다. 이는 조몬시대의 취락 인구가 시간이 흐르면서 증가하였음을 보여주는 것으로 해석할 수 있다. 그러나 지금까지 살펴본 바에 따르면, 동일 시기에 형성된 패총 가운데 규모에 차이가 나는 것은 사실상 겉보기 차이에 지나지 않으며, 각 패총을 형성한 집단의 크기에는 별다른 격차가 없다는 사실을 알 수 있다.

4

패총의 영양량 측정

패층의 총 체적에서
패각의 총 중량으로

패총의 크기를 그곳에 퇴적된 패층의
총 체적으로 이해하면, 여러 가지 새로운 사실을 알 수 있게 된다. 이사
라고 패총을 조사할 때 패층의 체적을 측정한 목적은, 패총의 규모를 파
악하기 위해서라기보다는 그토록 대량으로 퇴적된 패각을 선사시대 식
량원으로 어떻게 평가할 수 있을지를 밝히기 위해서였다. 패층의 체적
을 측정한 것은 이를 위한 하나의 절차에 지나지 않았다.

패총에 퇴적된 패류의 영양량榮養量을 추정하기 위해서는 우선 패층
의 총 체적을 구한 뒤, 체적을 패각의 무게로 변환해야 한다. 패각의 무
게를 알면 식품성분표 등에 제시된 패류의 폐기율(조개 전체 무게 대 폐기
되는 조개껍질 무게의 비)을 이용하여 조갯살의 양을 계산할 수 있다.* 이

많은 식료는 먹을 수 있는 부분과 먹지 않고 버리는 부분으로 이루어져 있다. 먹지 않고 폐기

로부터 열량과 단백질량은 비교적 간단히 얻을 수 있다. 그런데 이를 실제로 시행하는 과정에는 여러 가지 어려움이 있다. 가장 큰 문제는 어떻게 패층의 체적을 패각의 중량으로 변환하는가 하는 것이다. 패층 속에는 패각만 존재하는 것이 아니라, 토양, 재, 돌, 토기편, 석기편 등 다양한 물질이 포함되어 있다. 따라서 패층의 체적을 그대로 무게로 환산한다면, 이는 패각의 무게를 계산한 것이 아니다. 패각의 무게만을 뽑아내서 측정해야 한다.

더욱 문제를 어렵게 만드는 것은, 패층 속에 존재하는 패각, 토양 등의 양이 항상 일정하지 않다는 사실이다. 패총을 발굴해보면 토양은 거의 없이 백합, 굴 등으로만 이루어진 순패층純貝層이 발견되는 경우도 있지만, 패각의 양보다 토양이나 유물의 양이 더 많은 혼토패층混土貝層이나 토층 속에 패각이 드문드문 존재하는 혼패토층混貝土層이 존재하는 경우도 적지 않다(113쪽의 〈그림 17〉 참조). 대부분의 패총은 하나의 패총 안에 순패층, 혼토패층, 혼패토층 등 토양 대 패각의 비율이 각기 다른 다양한 패층을 포함하고 있다. 따라서 일부 패층의 패각 대 토양의 비율만을 구해서 이를 패총 전체에 대입할 수는 없다. 패총 전체의 패각 총 중량을 알기 위해서는 여러 패층으로부터 표본시료를 추출하여 패각 대 토양 비율의 평균값을 구해야 한다.

하는 부분이 전체 가운데 차지하는 비율을 폐기율이라 하는데, 이는 다음과 같은 방식으로 구할 수 있다.

폐기 부분의 중량÷식료의 전체 중량=폐기율

따라서 폐기율과 폐기된 부분의 중량을 알면 식료의 전체 중량을 알 수 있다.

패각 총 중량을
구하는 방법

　　　　　　　　패층의 체적을 구할 때와 마찬가지로, 패각의
총 중량을 제대로 측정하기 위해서는 몇 가지 사항을 고려하여야 한다.
패각의 총 중량을 구하기 위해서도 여러 가지 방법을 적용하여 그 결과
를 비교 검토하여, 각 방법의 신뢰도와 장단점을 파악하는 것이 필요하
다. 이를 위하여 다음과 같은 세 가지 방법을 사용하여 이사라고 패총의
패각 총 중량을 구해보았다.

① 2단 변환법 : 먼저 패층의 총 체적을 총 중량으로 변환하고, 그 중량으로부
　　터 다시 패각의 중량을 구하는 방법이다. 이는 일찍이 뉴질랜드의 패총을
　　대상으로 쇼크로스가 실시한 방법과 기본적으로 동일하다.

② 1단 변환법 : 패층의 총 체적에 단위 체적당 패각 중량의 평균값을 곱해서
　　패각의 총 중량을 구하는 방법이다. 이 방법을 쓰면 계산이 간단하다는 이
　　점이 있다.

③ 직접 변환법 : 위의 두 방법이 패각의 총 중량을 구하기 위해 패층의 총 체
　　적을 이용한 데 비해, 직접 변환법은 패층의 단위 면적당 평균 패각 중량을
　　먼저 구하고 여기에 패총의 총 면적을 곱해서 패각의 총 중량을 구한다. 이
　　방법은 패층의 총 체적을 모르더라도 패각의 총 중량을 계산할 수 있다는
　　장점이 있다.

이사라고 패총의
패각 총 중량

　　　　　　　　이러한 세 가지 방법을 이용하여 이사라고 패
총의 패각 총 중량을 산출한 결과가 〈표 5〉이다. 이 가운데 가장 큰 값

표 5

변환 방법	계산식
2단 변환법	$290.3 \text{m}^3 \times (3.6 \pm 0.8) \text{kg}_{1)} \times 320 = 334.4 \pm 74.3 \text{t}$
	$(334.4 \pm 74.3) \text{t} \times (0.62 \pm 0.18)_{2)} = 207.3 \pm 119.6 \text{t}$
1단 변환법	$290.3 \text{m}^3 \times (2.155 \pm 0.825) \text{kg}_{3)} \times 320 = 200.18 \pm 76.63 \text{t}$
직접 변환법	$351 \text{m}^2 \times 603.683 \text{kg}_{4)} = 211.9 \text{t}$

표 5 패층 체적에서 패층 중량으로의 변환

1) 무작위 추출한 표본시료 145개(25×25×5cm 크기)의 평균 무게.
2) 위의 145개 표본시료를 이용하여 단위체적당 패각 대 표본시료 전체의 무게 비 평균을 구한 것.
3) 위의 145개 표본시료와 별도로 176개의 표본시료를 무작위 추출하여 단위체적당 패각 무게의 평균값을 구한 것.
4) 816개의 표본시료를 이용하여 패층 1m²당 패각 무게의 평균값을 구한 것.

은 직접 변환법으로 계산한 211.9톤이며, 가장 작은 값은 1단 변환법으로 계산한 200.18톤으로, 둘의 차이는 약 12톤이다. 이는 200.18톤을 기준으로 5.8%의 증가라 할 수 있다. 2단 변환법으로 얻은 207.3톤이라는 값은 공교롭게 그 중간에 위치하는데, 이 방법은 두 번에 걸쳐 계산을 해야 하기 때문에 통계 오차가 증폭되어 결과에 대한 유의성이 떨어진다는 단점이 있다. 그러므로 패각의 총 중량을 구하는 방법으로는 1단 변환법이 가장 신뢰할 만하다고 할 수 있다. 다만 이 방법은 패층의 총 체적이 계산되었을 때에만 사용할 수 있다는 한계가 있다. 따라서 정확도는 다소 떨어지지만, 직접 변환법이 사용하기에 가장 편리하다. 패층의 분포 면적을 알고 패층을 부분적으로 발굴하여 표본시료를 얻을 수만 있다면, 직접 변환법으로 패각의 총 중량을 비교적 간단하게 산출할 수 있다.

이처럼 세 가지 계산 방법을 적용한 결과가 큰 차이를 보이지 않고 유사하게 나타난다는 점은 주목할 만하다. 이는 패층의 체적을 구하여 이를 중량으로 변환하는 것이 무리한 시도가 아니라, 합리적인 결과를 도출하는 과정임을 보여주기 때문이다. 이로써 200.18톤이라는 이사라고 패총 패각의 총 중량을 기초로 당시 식용하였던 패류의 열량과 단백질량을 계산하고, 식료로서 패류 자원이 어떠한 역할을 하였는지 살펴보는 것이 가능해졌다.

패각 총 중량에서 영양량으로

패각 중량으로부터 열량과 단백질량을 계산하기 위해서는 해결해야 할 문제가 있다. 이사라고 패총의 200.18톤 패각 가운데 어떤 종류의 조개가 어느 정도 비율로 존재하는지를 밝히는 것이다. 패류는 종에 따라 크기와 영양량이 다르고, 폐기율도 제각각이다. 따라서 패층이 어떤 패류로 구성되어 있는지를 정량적定量的으로 알아야만 각 패류 종마다 식용 부위의 양을 계산하고 열량을 구할 수가 있다. 그 후 각 종별 열량을 합산하면, 이사라고 패총 전체 패류에서 얻을 수 있는 영양량을 알 수 있다.

이사라고 패총에서는 80종 이상의 패류가 발견되었는데, 이 가운데 식료로서 의미 있는 양이 출토된 것은 〈표 1〉에 제시한 10종에 불과하다. 〈표 1〉에는 이들 10종의 구성 비율이 제시되어 있는데, 이는 다음과 같은 방법으로 산출한 것이다. 이사라고 패총의 패층 속에 포함되어 있는 패류, 어골, 동물뼈 등을 자세히 분석하기 위해 〈그림 12a〉처럼 2m 간격으로 표본시료를 채취하였다. 표본시료는 〈그림 12b〉처럼 25×25×5cm 체적으로 채취되었는데, 이를 건조시킨 뒤 총 중량을 측정하였다. 이후 〈그림 13〉에 제시한 순서대로 물체질 분류법을 적용하여

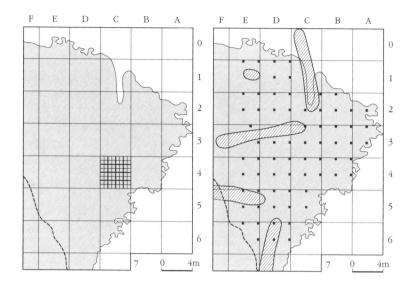

그림12a 이사라고 패총의 그리드 시스템(좌)과 표본시료 채취 지점(우)

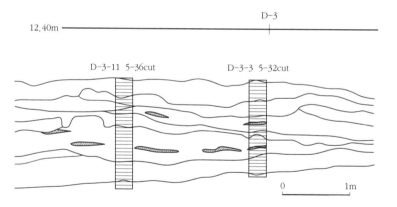

그림12b 이사라고 패총의 패층 단면과 표본시료 채취 방법

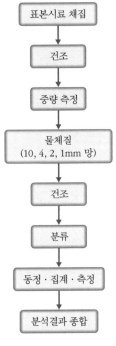

그림 13 표본시료 분석과정

(분석과정 흐름도)
- 표본시료 채집
- 건조
- 중량 측정
- 물체질 (10, 4, 2, 1mm 망)
- 건조
- 분류
- 동정 · 집계 · 측정
- 분석결과 종합

미세한 자료를 찾아낸 뒤 분류하였다. 이렇게 처리한 표본시료는 44지점 816개에 이르는데, 그 속에 포함된 패각 790kg가량을 전부 분류하고 종별로 중량을 구해, 그 비율을 계산한 것이 〈표 1B〉의 정량 분석, 즉 패류 구성 비율이다.

이에 따르면 이사라고 패총에서 가장 많이 출토된 패류는 꼬막(약 47%)*과 굴(약 27%)로, 이 두 종이 전체의 75%를 차지하고 있다. 주요 패류 10종 가운데에서도 이 두 종이 압도적으로 많은 것은, 이사라고 패총 주민들이 바닷가에 서식하던 다양한 조개 가운데 특정 조개를 선호해 집중적으로 채집하였음을 의미한다.

〈표 1B〉에 제시된 10종의 구성 비율을 앞서 얻은 200.18톤이라는 패각 총 중량에 적용하면, 이사라고 패총에서 출토된 주요 패류의 패각 중량을 알 수 있다. 이렇게 얻은 각 종의 패각 중량에 폐기율을 대입하여 조갯살의 양과 단백질량을 구한 것이 〈표 6〉이다. 계산 과정의 한 예는 다음과 같다.

꼬막은 생선 초밥의 재료로 선호되는 피조개와 유사한 패류이다. 난류성 조개로, 간토 이서以西 지방의 패총에서 주로 발견된다. 오늘날에는 규슈의 아리아케 해有明海에 서식하고 있지만, 예전에는 오카야마 현岡山縣의 고지마 만兒島灣에서도 많이 잡혀 중국 등에 수출되기도 하였다. 패각을 태워서 대량의 조개 재를 만들던 데 연유해 '회패灰貝'라고 불리기도 한다.

표 6

종 이름	구성비	패각 중량(t)	폐기율	총 중량(t)	조갯살 중량(t)	열량(kcal)		단백질(g)	
						1kg당	총 열량	1kg당	총 단백질량
꼬막	0.476	95.2	0.83	114.7	19.5	850	16,575,000	155	3,022,500
굴	0.276	55.2	0.75	73.6	18.4	960	17,664,000	100	1,840,000
가무락조개	0.042	8.4	—	—	—	—	—	—	—
새꼬막	0.038	7.6	0.83	9.16	1.56	850	1,326,000	155	241,800
바지락	0.031	6.2	0.85	7.29	1.09	630	686,700	106	115,540
떡조개	0.024	4.8	—	—	—	—	—	—	—
우럭	0.019	3.8	—	—	—	—	—	—	—
백합	0.007	1.4	0.75	1.87	0.47	640	300,800	100	47,000
동죽	0.003	0.6	—	—	—	—	—	—	—
피뿔고둥	0.07	14.0	—	—	—	—	—	—	—
기타	0.015	3.0	—	—	—	—	—	—	—
합계	1.001	200.2		206.62	41.02		36,552,500		5,266,840

표 속에 —로 표시된 것은 폐기율이 명확하지 않아 계산하지 않은 것이다.

$$200.18t \times 0.476 = 95.2t \, (꼬막 패각의 총 중량)$$

$$95.2t \div 0.83 (꼬막의 폐기율) = 114.7t \, (꼬막의 원 중량)$$

$$114.7t \times (1-0.83) = 19.5t \, (꼬막 \, 114.7t \, 가운데 조갯살의 중량)$$

$$19,500 \times 850kcal = 16,575,000kcal \, (19.5t의 꼬막 조갯살의 열량)$$

$$19,500 \times 0.155kg = 3,022.5kg \, (19.5t의 꼬막 조갯살의 단백질량)$$

다시 한번 설명하자면, 패각의 무게를 얻으면 폐기율을 이용해서 조개의 원래 중량을 계산하고, 이로부터 다시 한번 폐기율을 이용해 조갯살의 중량을 구한다. 그 다음 kg당 열량과 단백질량을 계산한다. 이리하여 이사라고 패총의 패류 가운데 계산 가능한 주요 5종(전체 패각 총 중량 가운데 83%)의 총 열량은 36,552,500kcal, 총 단백질량은 5,226.8kg이라는 사실을 알아냈다.*

1인 1일당
영양량 추정

이사라고 패총의 패류로부터 3,655만kcal의 열량을 얻을 수 있었다는 사실이 밝혀졌다고 해서 이를 통해 조몬시대 이사라고 패총 주민의 식생활에서 패류가 어떠한 역할을 하였는지를 당장 알아낼 수 있는 것은 아니다. 이를 밝히기 위해서는 총 열량을 토대로 1일 1인당 열량과 단백질량을 추정해야 한다. 그러기 위해서는 우선 이사라고 패총의 주민 인구를 알아내야 한다.

조몬시대 후기의 취락 인구를 추정하는 것은 어려운 문제인데, 취락지 조사를 토대로 밝혀진 바에 따르면 취락 하나당 4~5채의 수혈 주거지가 동시에 존재했으며 주거지 한 채당 5~6명이 거주한 것으로 추정된다. 이러한 방식으로 계산을 해보면, 취락 하나에 대략 30명 정도의 인구가 거주했다고 볼 수 있다. 이는 수렵·채집 사회로서 결코 작은 규모가 아니다. 여기에서는 30명을 기본으로 60명, 120명 규모도 고려해 보기로 하겠다.

다음으로, 이사라고 패총이 어느 정도 기간에 걸쳐 퇴적되었는지, 다시 말해 패총의 형성 기간을 추정해야 한다. 이사라고 패총에서는 조몬시대 후기 초에 해당하는 호리노우치 1식 토기만 발견되기 때문에, 패총의 형성 기간을 토기 1개 형식이 존재하였던 기간으로 볼 수 있다. 조몬 토기 1개 형식이 존속하였던 기간이 구체적으로 몇 년 정도인지를 추정하기란 쉽지 않지만, 대체로 100년 이하로 보고 있다. 이는 방사성

〈표 6〉에서 폐기율이 불명확하다고 표시(−)된 것은 오늘날의 식품성분표에 기재되어 있지 않은 패류이다.

표 7

형성 기간 (년)	30(명)		60(명)		120(명)	
	열량(kcal)	단백질량(g)	열량(kcal)	단백질량(g)	열량(kcal)	단백질량(g)
25	133.5	19.2	66.8	9.6	33.4	4.8
50	66.7	9.6	33.4	4.8	16.7	2.4
100	33.4	4.8	16.7	2.4	8.3	1.2

1일 1인당 열량 · 단백질량

탄소연대측정 등을 참고로 조몬시대 후기를 약 800~1,000년 정도로 보고, 그 기간 동안 토기 형식에 따라 구분할 수 있는 시기가 10시기 정도 존재한다는 점을 근거로 계산한 것이다. 따라서 이사라고 패총의 형성 기간을 최장 100년으로 보고, 이 외에 50년, 25년 기간도 함께 고려하도록 하겠다.

위에서 설명한 바와 같이 이사라고 패총의 인구와 형성 기간을 각각 세 가지로 가정하고, 1인 1일당 패류에서 얻을 수 있는 총 열량과 단백질량을 산출한 것이 〈표 7〉이다. 이사라고 패총의 인구를 30명, 형성 기간을 25년으로 보면 1인 1일당 열량은 133.5kcal, 단백질량은 19.2g이며, 인구를 120명, 형성 기간을 100년으로 보면 1인 1일당 겨우 8.3kcal, 1.2g이라는 결과가 산출된다.

만약 조몬시대의 1일 필요 열량을 1,500~2,000kcal, 단백질량을 80g 정도로 본다면,* 〈표 7〉에 나타난 최대값을 기준으로 열량은 6.7~8.9%, 단백질량은 25%를 만족시켰음을 알 수 있다. 앞서 서술하였듯이

오늘날 현존하는 아프리카, 오스트레일리아 등의 수렵·채집민의 1일 1인당 필요 열량은 대략 2,000kcal 정도이다. 80g이라는 단백질량은 오늘날 일본인 성인의 섭취량을 기준으로 한 것이다.

이사라고 패총의 원래 규모가 현재의 2배였다고 하면, 그 수치는 열량의 약 13~18%, 단백질량의 약 50%가 된다. 열량으로는 얼마 되지 않지만, 단백질량으로는 유용한 수치라 할 수 있다. 따라서 이사라고 패총이 인구 30명 정도로 25년 동안 형성되었다고 간주할 때, 패류가 열량면에서는 큰 역할을 담당하지 못하였지만 단백질 공급원으로서는 꽤 중요한 식료였다고 할 수 있겠다(Suzuki 1986).[3]

5

식료로서 조개의 역할

**이상적인
식료의 조건**
　　　　　　수렵·채집을 하던 획득 경제 단계에서는 오늘
날과 같이 필요할 때 가게에서 돈을 내고 식료품을 얻을 수 없었다. 우
선 어떻게 하면 식료를 손에 넣을 수 있을까 하는 방법을 생각해야 하
고, 이를 위한 도구를 준비해야 하고, 식료가 있는 곳까지 직접 찾아가
야만 했다. 나무에서 떨어진 나무 열매를 채집하는 것은 비교적 쉽지만,
움직이는 동물이나 물고기를 잡는 것은 결코 쉽지 않았다. 따라서 힘들
여 손에 넣은 식료는 그 정도의 수고를 감수할 만한 가치가 있는 것이어
야 했다. 그런 의미에서 쉽게 획득할 수 있고, 안정적으로 많은 양을 얻
을 수 있고, 나아가 영양까지 풍부하다면 최상의 식량 자원이라 할 수
있었다. 그렇다면 과연 조개는 석기시대 사람들에게 이상적인 식료였
을까?

　　인류가 다른 동물과 다른 점 가운데 하나는, 야외에서 획득한 식료를

거주지로 가지고 돌아와 먹는다는 점이다. 식료를 거주지까지 운반해야 한다는 것은 중요한 문제이다. 야외에서 발견한 식료를 가능한 한 많이 거주지까지 운반하기 위해서는 다음과 같은 조건을 갖추어야 한다.

① 식료가 생산되는 장소와 거주지의 거리가 너무 멀지 않을 것(운반상의 제약).
② 한 번 운반한 양으로 식료의 양이 충분할 것(이용 효율의 크기).
③ 식료를 구하는 데 그다지 힘이 들지 않을 것(획득의 난이도).

이러한 조건을 모두 만족시키고 나아가 1년 중 상당 기간에 걸쳐 지속적으로 획득할 수 있는 식료가 있다면, 그것은 수렵·채집민에게 참으로 이상적인 식료라 할 수 있다. 그러나 현실에서는 그렇게 좋은 조건을 갖춘 식료는 존재하지 않는다. 따라서 수렵·채집민은 각각의 장단점을 지닌 복수의 식료를 채집, 포획해서 식료 획득의 균형을 유지하는 방법을 택하였다. 패류도 이러한 식료 가운데 하나로서, 나름대로의 역할을 담당하였던 것이다.

조개의 영양 효율

식료를 평가하는 기준 가운데 식료에서 먹는 부분과 먹지 않는 부분의 비율, 즉 섭취 부분과 폐기 부분의 비율을 구하는 방법이 있다. 섭취 부분이 많은 식료가 효율 면에서 높이 평가되는데, 조개는 폐기 부분이 훨씬 많아서 효율성이 높은 식료라고 할 수 없다. 예를 들어 바지락 1kg이 있다면, 먹는 부분은 그중 15%인 약 150g 정도

밖에 안 된다. 바지락을 채집하여 거주지로 운반한다면, 그 가운데 80% 이상은 먹지 못하는 껍데기를 운반하는 셈이다. 게다가 섭취 부분의 열량은 동물이나 물고기에 비해 상당히 떨어지며, 단백질량도 절반가량에 불과하다.

이처럼 단점이 많은 식료로부터 필요한 영양량을 얻는 방법은 단 한 가지, 다량으로 채집해서 양으로 질을 보충하는 것이다.* 조몬시대 패총을 포함하여 세계 각지의 패총에 대량의 패각이 퇴적되어 있는 것은, 그 정도 다량으로 채집하지 않으면 필요한 영양량을 확보할 수 없음을 반영하는 것이다. 이는 현존하는 오스트레일리아 원주민의 경우에서도 마찬가지다. 앞서 소개하였듯이 안바라 족은 1년 동안 7톤의 조개를 소비하지만, 이로부터 얻을 수 있는 열량은 식료 전체의 10% 이하이며 단백질량은 10%를 조금 웃돌 뿐이다. 영양 면에서 볼 때, 조개는 수렵·채집민에게 이상적인 식료가 아님을 알 수 있다.

획득의 난이도

안바라 족의 생활을 살펴보면 흥미로운 사실을 발견하게 된다. 안바라 족은 종종 자신들의 취락을 이동하는데, 새로이 취락지를 결정하는 데 있어 조개를 채집할 수 있는 해안과 취락 간의 거리가 중요한 요소가 된다. 취락의 위치를 정할 때는 우리가 집을 고를 때와 마찬가지로 여러 가지 조건이 고려된다. 위생, 안전 등의 요소부터 여러 식료 자원의 채집에 유리한 조건까지 다양한 측면을 살펴보고 취

이 점에서 대조적인 것이 나무 열매이다. 일본의 숲에서 생산되는 나무 열매에서는 평균 패류의 약 15배에 해당하는 열량을 얻을 수 있다(鈴木 1984b).

락지를 선정하게 된다. 그런데 안바라 족은 취락지를 선택할 때 영양 면에서 별로 중요하지 않은 조개를 채집하기 편리한 위치를 중요한 요건으로 여긴다. 이는 조개에 영양량만으로는 평가할 수 없는, 다른 가치가 있음을 시사한다.

미한Betty Meehan에 따르면 안바라 족은 일본인과 마찬가지로 물고기, 조개와 같은 신선한 수산물을 무척 좋아하는데, 심지어 눈 빛깔로 물고기의 신선도를 가늠하는 것도 유사하다(Meehan 1977). 미한의 관찰에 따르면, 안바라 족은 캥거루를 사냥하여 취락으로 운반하는 도중에 조금씩 섭취하다가 거주지에 거의 다다르면 고기를 전부 버린다. 이는 고기가 오래되어 맛이 없어졌기 때문이라는 것이다. 이런 안바라 족에게 패류는 신선한 동물성 식료로서 중요한 역할을 담당한다. 게다가 조개 채집은 노인, 어린이 등 육체적으로 약한 사람들도 충분한 양을 획득할 수 있다는 장점이 있다. 취락 구성원 전원이 참가할 수 있는 채집 활동인 것이다. 조개 채집은 공간이 넓고 물이 얕아 살피기 좋은 모래펄에서 주로 이루어지는데, 이때 아이들을 방치해 두어도 안전하다는 점도 장점으로 작용한다.

안바라 족 여성은 아이들을 데리고 구릉지대에 고구마 등을 캐러 가기도 하는데, 이때 아이들이 벌에 쏘이거나 나무나 벼랑에서 떨어지지 않게 늘 주의를 기울여야만 한다. 이에 비해 조개 채집은 아이들 걱정 없이 2시간가량 모래를 파내기만 하면, 그날 필요한 양을 확보할 수 있는 효율적인 식료 획득 방법이다. 안바라 족에게 조개는 원할 때 원하는 만큼 신선한 조갯살을 손쉽게 얻을 수 있는 식량원인 셈이다.

이러한 패류가 지닌 장점은 선사시대에도 마찬가지였을 것으로 생각된다. 아마 조몬인도 조개를 채집할 수 있는 해안과 거주지까지의 거리를 고려하여 취락의 위치를 결정하였을 것이다.* 지바 현 이치카와 시에서 이치하라 시에 이르는 연안에 대규모 패총이 집중 분포하는 것도, 이 지역 해안에 서식하는 패류를 찾아 집중적으로 취락을 형성하였기 때문으로 추정한다.

패류 채집의 계절성

식료로서 패류가 지닌 또 한 가지 이점은 1년 중 상당 기간에 걸쳐 채집할 수 있다는 점이다. 수렵·채집민의 식료는 자연 속에 존재하므로 계절에 큰 규제를 받는다. 나무 열매 채집은 가을, 동물 사냥은 겨울에 한정되기 마련이다. 따라서 수렵·채집민의 생계 활동은 계절에 따라 특정 활동에 국한된다. 이를 식료 획득 활동의 계절성이라 하는데, 패류는 계절성의 폭이 넓은 편이다. 안바라 족을 살펴보면, 1972년 9월에 239kg, 1973년 1월에 800kg, 같은 해 4월에 683kg, 5월에 437kg의 패류를 채집하였고, 한 해의 대부분 기간 동안 대량의 조개를 채집하였다. 이 점은 조몬시대 패류 채집에서도 어느 정도 동일하였을 것으로 추정된다.

패각에 남겨진 1일 단위 성장선을 분석해 패류의 채집 시기를 밝혀내는 방법에 대해 앞서 소개했는데, 이에 따르면 조몬시대에는 봄에 패류 채집이 최고조에 달하였다(小池 1979). 이는 봄의 조금 때를 갯벌 사냥의

조개 채집이 가능한 바닷가에서 비교적 가까운 곳에 취락을 형성하면, 대량의 조개를 취락으로 운반하는 데 용이하기 때문이다.

최성기로 보는 오늘날의 풍습과도 잘 일치한다. 조몬시대 초봄이 되면, 겨울을 나기 위해 가을에 갈무리해 둔 나무 열매나 그 밖의 식료도 바닥이 나서 패류가 중요한 역할을 하였을 것이다.

식료로서 패류의 역할은 이에 그치지 않는다. 〈그림 8〉에서 볼 수 있듯이, 패류 채집은 양적으로는 봄에 집중되고 있지만 다른 계절에도 소량이나마 꾸준히 이루어진다. 이는 패류가 일 년 내내 채집 가능한 식료임을 뜻한다.* 대부분의 식료가 1년 중 일정 기간에만 얻을 수 있었던 데 반해, 패류는 일 년 내내 원하는 때에 일정량을 채집할 수 있었다는 점에서 수렵·채집시대에 매우 귀중한 존재였음에 틀림없다.

물론 나무 열매를 저장해 두었다가 겨울과 초봄까지 이용할 수 있다. 그러나 그러기 위해서는 저장을 위한 보존·가공 기술이 필요하다. 만약 구덩이 등에 그대로 저장해 둔다면 비바람 등에 의한 사고로 부패되는 경우가 종종 발생할 수 있다(Coles 1973). 이에 비해 패류는 해안의 모래를 파는 것만으로 신선한 식료를 언제든지 안정되게 얻을 수 있다. 그런 의미에서 패류는 나무 열매, 동물 등의 식량 자원이 감소했을 때 그 부족분을 메울 수 있는, 이른바 '비상용 식량원'으로서의 역할을 하였다고 할 수 있다.

앞서 소개한 기도사쿠 패총의 패류는 성장선 분석을 통해 가을부터 겨울에 가장 많이 채집되었다는 사실이 밝혀졌다. 어떤 연유에서인지는 알 수 없으나, 기도사쿠 패총 주민들은 패류 채집에 적합한 계절과는

패류 가운데는 산란기에 독성을 지닌 것도 있는데,[4] 이를 제외하면 일 년 중 대부분의 기간에 패류를 섭취할 수 있다.

약간 어긋난 시기에 패류를 대량 채집하였다. 이처럼 패류는 어느 계절에나 쉽게 안정된 양을 채집할 수 있다는 장점 때문에, 폐기율이 높고 열량이 낮다는 단점을 가지고 있음에도 선사시대에 중요한 식량원의 하나로 인식되었던 것이다. 이 같은 패류의 장점 때문에, 농업이 발달되어 안정된 식량 생산이 보장되기 전까지는 세계 어느 곳에나 패류가 대량으로 서식하던 해안 지대에 수많은 패총이 형성되었던 것이다.

패각을 이용한 선사시대 연구

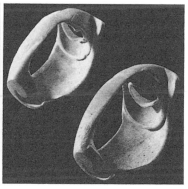

야요이시대의 대형 권패제 팔찌 | 기타큐슈北九州의 야요이시대 무덤에서 인골에 착장된 채 발견된 대형 권패제卷貝製 조개팔찌. 미나미큐슈南九州 지방에서 가져온 것으로 추정된다(야마구치 현山口縣 호호쿠 정豊北町 교육위원회 소장).

1
패각의 여정

**멀리
운반된 조개**

"내 귀는 조개껍데기. 바다의 울림을 그리워하네" 라고 읊은 콕토Jean Cocteau의 시도 있듯이, 조개껍질 속에서는 먼 바다의 추억이 되살아난다. 바닷가 모래사장에서 줍던 조개는 바다에 얽힌 추억의 한 조각이다. 교통이 발달하기 전까지 많은 사람들에게 바다는 머나먼 존재였다. 바다에서 생산된 많은 산물産物은 내륙 사람들에게 전해지더라도, 말리거나 소금에 절여 가공한 것이었기에 바닷가에서의 싱싱한 모습과는 전혀 딴판으로 변해버린 상태였다. 염장 식품에서 소금기를 제거하여 원래의 모습으로 되돌리는 조리법이 발달했다 해도 본래의 맛에는 도저히 미치지 못하였다. 그런 가운데 바다의 빛깔을 그대로 품고 있는 듯한 조개껍질의 아름다움은 바다를 알지 못하는 사람들에게 바다의 풍요로움, 바다를 향한 그리움을 떠올리게 했을 것이다. 세계 각지의 문화 가운데에는 조개에 어떤 주술적인 힘이 있다고 인식하거나, 조개를 풍요의 상징으로 생각하는 예가 많다.* 이런 이유로 조개는 식용 이외에도 다양한 목적으로 내륙 깊숙이까지 운반되었던 것이다.

국화조개로 만든 조개팔찌

유럽 신석기시대 유적에서는 국화조개*Spondylus bal-batus*[1]로 만든 조개팔찌가 발견된다. 국화조개는 에게 해에 서식하는 이매패류二枚貝類 중 하나인데, 그 조개껍질을 이용하여 팔찌를 만들었다. 피조개 등으로 만든 같은 모양의 조개팔찌가 조몬시대의 패총에서도 출토되고 있다. 그런데 국화조개로 만든 조개팔찌는 출토된 유적의 분포를 보면, 에게 해 지역에서 멀리 떨어진 동유럽, 중부 유럽에 걸치는 넓은 지역에까지 존재한다(鈴木 1988)(〈그림 14〉). 이는 유럽 내륙 지역의 신석기 문화가 에게 해 지역의 신석기 문화와 활발히 교류하고 있었음을 보여주는 것이다.**

유럽의 신석기 문화는 서남아시아에서 발생한 농경 문화가 파급되면서 시작되었다. 서남아시아의 농경 문화는 아나톨리아를 경유해 그리스, 발칸 반도에 전해져 이곳에서 유럽 최초의 농경 문화가 성립되었다.

—*
보티첼리Sandro Botticelli가 그린 〈비너스의 탄생〉에서 비너스가 가리비 조개를 타고 있는 모습으로 표현된 것도 이를 반영한다.

—**
유럽 신석기시대의 시작을 알리는 증거 가운데 하나로 짜부락고둥[2] 패문토기貝紋土器가 지중해 북쪽 연안에 나타나는 것을 들 수 있다. 짜부락고둥은 꼬막처럼 조개껍질 표면에 뾰족하게 튀어나온 줄무늬가 있는데, 이를 토기 표면에 눌러 패각문貝殼紋을 만들었다. 이러한 패문토기는 조몬시대 조기~전기에도 나타난다.

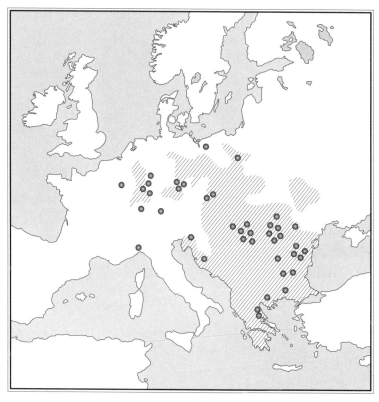

그림 14 국화조개 장식품 출토 지점(점 부분)과 초기 농경 문화 분포 지역(빗금 부분)

이후 농경 문화는 한편으로는 해안을 따라 중부 지중해 연안으로 전해
졌고, 다른 한편으로는 다뉴브 강, 볼가 강 등 하천을 따라 동부, 중부 유
럽으로 전개되었다. 〈그림 14〉에 보이는 국화조개팔찌의 분포는, 기원
전 4천 년 기의 유럽에서 신석기 문화가 급속히 전개되었던 상황을 보
여준다. 내륙 지역의 사람들은 새로운 농경 문화를 수용하기 위해 그리
스, 발칸 반도 지역과 밀접하게 교류하였던 것으로 보인다. 이와 같이

지역 간 교류가 활발한 가운데, 에게 해에서 생산된 국화조개 장식품은 새로운 문화의 도래를 상징하는 물품의 하나로 유럽 내륙부의 사람들에게 받아들여졌을 것이다.

패각과 주술

일본의 신화 가운데 오쿠니누시노미고토大國主命가 심술궂은 형신兄神들 때문에 호된 시련을 겪는데, 결국에는 산에서 굴러 떨어지는 달구어진 돌을 붙잡으라는 명령에 큰 화상을 입고 말았다는 이야기가 있다. 화상을 입은 오쿠니누시노미고토를 살려낸 것이 사키가히히메サキガヒヒメ, 우무기히메ウムギヒメ라는 두 명의 여신이었는데, 이는 피조개와 백합을 의인화한 것이라 알려져 있다. 이 두 여신은 자신의 몸에 있는 껍질을 깎아 모으고 백합의 즙을 섞어 이긴 것을 오쿠니누시노미고토에게 발라 화상을 치료하였다.

이러한 이야기에서도 알 수 있듯이, 조개는 여성의 생명력, 풍요를 상징하는 이미지를 가지고 있다. 그 가장 좋은 예가 자안패子安貝이다. 고대 중국에서는 자안패를 생명력의 상징이라 여겨, 죽은 영혼의 불멸과 부활을 빌기 위해 시신의 입에 물리거나 손에 쥐어서 매장하였다. 또 은대殷代의 전차와 말이 매장된 거마갱車馬坑에서는 자안패와 청동으로 장식한 마구馬具가 발견되었다. 중국에서 자안패는 따뜻한 화난華南의 해안 지역에만 서식하고, 은殷 문화가 번영한 화베이華北 지역에는 존재하지 않는다. 따라서 황하 중류 지역에 거주하던 은대 귀족들은 중국 남안南岸 사람들과 교류하며, 코끼리, 코뿔소, 맥貘, 물소 등의 남방산南方産 동물과 더불어 자안패도 수입했던 것이다. 자안패는 그 후 화폐로 사용되기도 하였다. 중국 윈난성雲南省 산 속에 위치한 청동기시대 무덤인 스자이 산石寨山 고묘古墓*에서는 저패기貯貝器 속에 가득 든 자안패가 발견되었다.

조 개 의 길

패각은 아름다운 것일 뿐만 아니라 그 안에 일종의 주술적인 힘이 깃들어 있다고 여겨져, 넓은 지역에 걸쳐 교역의 대상이 되었다. 기타큐슈의 야요이시대 무덤에서는 이모가이ィモガィ, 오니니시ォニニシ 등의 대형 권패류로 만든 팔찌를 착장한 인골이 발견되었다. 이 팔찌는 남성용과 여성용이 별도로 만들어졌으며 특정 부류의 사람들만 착용한 것으로 보여, 단순한 장식품이 아니라 주술적 역할을 하였던 것으로 생각된다. 특히 좌우 팔에 10개 이상의 조개팔찌를 착장한 채 발견된 예가 있는데, 이들은 남녀 모두 일상적인 직업에 종사하던 사람들은 아니었을 것으로 추정된다. 이러한 조개팔찌는 야요이시대 어느 시점에 이르러 청동으로 주조되기 시작하였고, 고훈시대의 구와가타이시鍬形石 같은 보기적寶器的 성격을 지닌 유물에 영향을 미친 것으로 보아, 매우 주술적인 성격이 강한 유물이라 생각된다(三島 1968).

조개팔찌의 원료였던 이모가이, 오니니시, 고호우라ゴホウヲ[3] 등의 대형 권패류는 다네가시마 섬種子島과 그 주변의 오쓰미大隅 제도 주변[4]에서 주로 생산되던 것이다. 특히 다네가시마 섬 히로다廣田 유적에서는 553개의 조개팔찌 이외에도 특이한 문양을 조각한 이모가이 패찰貝札[5]

스자이 산 고묘에서는 전한前漢 왕조의 무제武帝가 하사한 전왕지인滇王之印(金印)이 출토되어 그 곳이 전족滇族의 왕묘였음을 알 수 있다.

이 출토되었는데, 이곳이 기타큐슈 지방으로 조개팔찌를 공급하던 곳 가운데 하나였을 것으로 추정되고 있다.* 규슈의 남과 북을 잇는, 이른바 '조개의 길'이라 불리는 조개팔찌의 교역로가 있었던 것이다. 기타큐슈 사람들은 청동과 철 제품같이 당시 미나미큐슈 사람들이 만들 수 없었던 물품을 주고 그 대가로 남쪽 해안에서 생산된 조개팔찌를 손에 넣은 것으로 보인다.

조몬시대 패총인 지바 현 조시 시 인근의 요아마余山 패총(조몬시대 후기~만기)에서도 600개 이상의 조개팔찌가 발견되었다.

2
조개 먹는 법

**조개
선별하기** 일본의 패총에서 발견되는 패류는 300종 남짓이지
만, 그 가운데 식료로 주로 이용된 것은 10~20종에 불과하다. 이 중에
는 백합, 굴, 피조개, 전복 등 오늘날에도 흔히 식용하는 조개가 많이 포
함되어 있지만, 다 그런 것은 아니다. 예를 들어 오늘날에는 거의 먹지
않는 가무락조개, 비단고둥, 떡조개, 동죽* 등도 패총에서 자주 발견된
다. 가무락조개는 특유의 구린내가 나고 맛도 그다지 좋은 편이 아니지
만, 조몬시대 전기부터 중기에 걸쳐 상당량 발견된다. 비단고둥은 소형
권패류인데, 도쿄 만의 이치카와 시부터 지바 시에 이르는 연안 지역 패
총 가운데 비단고둥만 대량으로 층을 이루어 발견되는 일이 종종 있다.
비단고둥은 가무락조개보다 맛은 좋지만, 소형 권패류인 탓에 조갯살이

─ •

떡조개, 동죽은 오늘날 갯벌에서 채집할 수 있는 종인데, 모래를 많이 머금고 있어 먹기에 적
당하지 않다.

많지 않고 먹는 데도 제법 노력을 들여야 한다. 효율성이 뛰어나고 먹기도 편한 이매패가 있는데도, 비단고둥으로만 이루어진 패층이 있다는 사실은 당시 사람들이 비단고둥을 특히 선호하였음을 알려준다.

구주구리하마九十九里浜에 해수욕을 갔던 사람이라면 먹어본 일이 있겠지만, 구주구리 해안에서는 현지 사람들이 '나가라미ナガラミ'라고 부르는 권패류가 잡힌다. 이 조개는 비단고둥의 일종인 단페이키사고ダンペイキサゴ[6]인데, 광택이 아름다워 패각 세공과 조개 튕기기 놀이(오하지키オハジキ)에 사용되며 맛도 제법 괜찮다. 잔모래를 조금 머금고 있기는 하지만, 삶아서 국물에 씻어 먹으면 술안주로도 제법 먹을 만하다. 단페이키사고는 구주구리 연안의 패총에서도 종종 발견된다. 이 조개는 파도가 거친 구주구리하마의 수심 2m 이하 바다 밑에 서식하는데, 내만성 패류보다 채집하기가 어렵다.* 또한 참을성이 없어 잡히면 바로 죽어버리기 때문에 즉시 끓여서 조리해 두어야 한다. 이 같은 조건의 단페이키사고가 구주구리하마에서 상당히 안쪽으로 들어온 지점의 패총에서도 종종 발견되는 것을 보면, 이 지역 조몬인들도 이 조개의 맛이 좋다는 것을 알고 손에 넣으려 애썼음을 알 수 있다.

이를 보면, 조몬시대 패총에 남겨진 패각은 조몬인들이 기분 내키는 대로 주변의 바다에서 채집한 것이 아니라 어떤 기준에 따라 선택한 결과라고 생각된다.** 선택 기준 가운데 한 가지는 맛이었을 것이다. 또한

---
*

현재는 수미터 길이의 대나무 장대 등을 바다 밑에 푹 찔러 둔 채 이를 붙잡고 바다 속으로 잠수하여 조개를 채집하고 있는데, 이는 파도가 거셀 때는 상당히 위험한 방법이다.

**

그런 의미에서 패총의 패류 비율은 당시 바닷가의 패류 서식 상황을 그대로 반영하지는 않는

대량으로 간단히 채집할 수 있는가 하는 점도 중요했을 것이다. 패총에 남겨진 패각을 주의 깊게 조사해보면, 조몬인들의 패류 채집이 상당히 합리적인 사고방식에 기초하였음을 알 수 있다.

패각의 크기   패총에 남겨진 패각의 크기를 측정해보면, 조몬인들이 특정 패류를 채집할 때 어느 정도 크기의 조개를 채집했었는지를 알 수 있다. 〈그림 15〉는 이사라고 패총에서 출토한 꼬막 1,454개의 패각 길이를 계측한 결과인데, 이에 따르면 3~4cm 길이의 꼬막이 가장 많고 5cm를 넘는 것은 매우 드물다. 이 그래프에서 주목되는 점은 2cm 이하의 꼬막은 전혀 없다는 것이다. 이는 이사라고 패총의 주민이 2cm 이하의 꼬막은 채집하지 않았음을 나타낸다. 그러나 바닷가 모래 속에는 2cm 이하의 꼬막이 가장 많이 서식하고 있었을 것이다.

일반적으로 자연계에 존재하는 생물 개체 수는 〈그림 16〉의 모델같이 태어난 직후에 가장 많고, 성장함에 따라 다른 동물에게 잡혀 먹히든가 환경의 변화에 적응하지 못해 사멸하면서 점차 줄어든다. 따라서 이사라고 패총에서 자연 상태에 가장 대량으로 서식하였을 2cm 이하의 꼬막이 전혀 보이지 않는다는 것은, 주민들이 의도적으로 그것을 채집하지 않았음을 의미한다. 이사라고 패총 주민들은 크기에 상관없이 꼬막을 채집하는 임시변통식이 아니라, 일정한 크기 이상만 채집하는 계획성을 가지고 있었던 것이다. 아마도 남획濫獲에 따른 생물자원의 멸

다. 오히려 충적 저지에 존재하는 자연 패총의 패류 조합이 당시 주변에 서식하던 패류상을 이해하는 데 가장 적합하다.

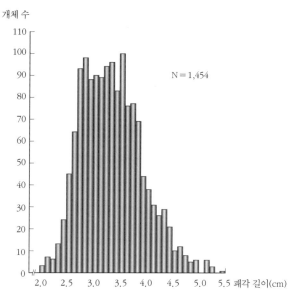

그림 15 꼬막 패각의 길이 분포(이사라고 패총)

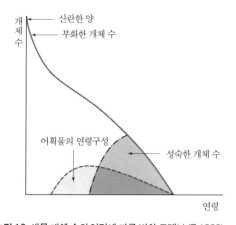

그림 16 생물 개체 수의 연령에 따른 변화 모델(赤澤 1969)

종을 사전에 방지하는 방법을 경험을 통해 인지하고 있었던 것으로 보인다.[7]

패류 조리법

학생 시절 패총을 조사하면서, 한 선배로부터 "패총의 조개는 어떻게 익혀 먹었을까?"라는 질문을 받은 적이 있다. 나는 별 생각 없이 "토기가 있었으니 분명 끓여 먹었겠지요"라고 대답했는데, 그 선배는 "어째서? 조갯살은 까내서 먹잖아. 그런데도 왜 끓였다고 단언하지?"라고 다그쳤다. 이쯤 되자 아직 신출내기였던 나는 두 손을 들고야 말았다. 모르겠다며 항복하자, 선배는 조금 우쭐하면서 패각을 집어 들며 "이것은 조갯살을 까낸 것이 아니야. 조갯살을 까내려면 패각을 비틀었던 흔적이 남아 있겠지. 패총에서 출토된 패각 대부분에 그런 흔적이 없다는 것은 토기에 끓였기 때문이야"라고 가르쳐주었다. 과연 고고학이란 어디까지나 증거를 바탕으로 이야기해야 하는구나 하며 감동을 받은 나는 그 후 패총의 조개는 대부분 끓여서 조리했으리라고 생각하게 되었다.

그런데, 앞서 이미 소개했던 오스트레일리아 원주민이 패류를 먹는 방법을 알게 되면서 그런 단순한 생각으로는 선사시대의 패류 조리법을 제대로 이해하기 힘들다는 것을 깨닫게 되었다. 안바라 족은 다량의 패류를 채집하는데, 채집한 패류 전부를 거주지로 운반해 소비하지는 않는다. 그들은 종종 채집한 패류를 야영지 유적dinnertime camp[8]에서 먹곤 하는데, 이때 조리 방법이 매우 독특하다. 우선 채집한 조개의 각정殼頂 부분을 위로 해서 모래 위에 꽂아 세운다. 그리고 그 위를 마른 풀이나 잔 나뭇가지로 덮고 불을 지핀다. 불은 이내 타오르며 패각 각정의 이음부를 태우는데, 이윽고 패각은 쉽게 벌어진다.

안바라 족 사람들은 채집한 패류를 야영지에서 조리해 먹고, 패각은 주변에 버린다. 결과적으로 안바라 족 마을 주변에는 이 같은 야영지 유적이 점점이 존재하게 된다. 만약 조몬시대 사람들도 마찬가지 방법으로 패류를 소비하였다면, 취락에 딸린 패총 이외에도 주변에 극히 소규모의 패총이 흩어져 있었을 것이다. 그러므로 취락에 딸린 패총뿐만 아니라, 주변부의 소규모 패총을 확인하고 그 성격을 밝히는 노력도 필요하다.[9]

조갯살 가게와 백합구이

조몬시대의 패류는 대부분 토기를 이용하여 끓여 먹었다고 여겨지지만, 패류는 원래 날로 먹는 것이 가장 맛있다. 앞서 살펴본 안바라 족도 이를 잘 알고 있어, 불에 익히기는 하지만 패각이 벌어질 정도로 아주 살짝만 익혀 먹는다. 조몬인도 마찬가지였을 것으로 생각된다. 조몬시대 패총을 발굴해보면, 〈그림 17〉에서 볼 수 있는 것처럼 안에 토기편, 동물뼈, 물고기뼈 등의 유물은커녕 흙도 거의 포함되어 있지 않은 굴이나 꼬막만으로 형성된 순패층이 발견되는 일이 종종 있다. 이는 특정 패류만을 집중적으로 채집해 소비했음을 보여주는 것이다. 이처럼 패류를 대량으로 채집하여 처리할 때는, 끓이기만 한 게 아니라 조갯살을 까내는 작업도 하였을 것이다. 히로시마와 산리쿠 연안 같은 오늘날 굴 산지에 가면 높이 쌓인 굴 껍질 산을 볼 수가 있다. 이는 현대의 패총이라 할 수 있는데, 이곳에서 가까운 구와나 시桑名市 근

그림 17 이사라고 패총의 패층 단면(흰 부분이 집중해 있는 곳이 굴로 이루어진 순패층)

처에서 패총 유적을 찾아볼 수 있다.

구와나 시 서쪽 구릉 위에 위치한 산노山王 유적은 학교 건물을 짓는 과정에서 우연히 발견되었는데, 산다완山茶碗이라 불리는 중세의 도자기가 출토되는 진귀한 패총이다. 이 패총에서는 백합, 굴, 가무락조개 세 종을 제외한 패류는 거의 보이지 않는다. 아마 이 세 종류의 조개만 채집하였던 모양이다. 더욱 흥미로운 것은 동물뼈, 물고기뼈가 전혀 발견되지 않는다는 점이다. 보통 패총에서는 다양한 뼈가 발견되기 마련인데, 필자가 직접 산노 유적에서 채집한 패층 표본시료를 면밀히 조사해보았지만 동물뼈, 물고기뼈는 전혀 발견할 수 없었다. 따라서 산노 유적의 패층은 순전히 백합, 굴, 가무락조개만을 처리한 결과로 형성된 것이라 결론지을 수 있다. 중세 이후의 일본 화첩畵帖 중에는 시장이 번성한 상황을 묘사한 것이 있다. 이를 보면 당시에 다양한 어물전이 존재했음을 알 수 있는데, 아마도 중세 무렵부터 물고기와 조개를 별개의 업자가 취급하였던 모양이다. 다시 말해, 생선 가게와 조갯살 가게는 별개의 사업으로 독립해 있었던 것이다.

구와나 시의 명물로는 백합구이를 들 수 있는데, 이런 사실은 『도카이도추히자쿠리게東海道中膝栗毛』에 나오듯 사람들에게 널리 알려져 있다. 또 '시구레하마구리しぐれはまぐり'라 불리는 일종의 백합조림도 있는데, 이는 이즈미 교카泉鏡花의 『우타안돈歌行燈』의 무대였던 후나쓰야船津屋의 명물이었으며 지금도 명산품으로 팔리고 있다. 백합이 구와나 시의 특산물로 자리 잡을 수 있었던 이유는 이세 만伊勢灣으로 흘러드는 이비카와 강揖斐川과 기소카와 강木曾川이 형성한 삼각주가 패류가 서식하기에 적합한 환경을 제공하기 때문이다. 이는 산노 유적이 형성된 중세에도 마찬가지였을 텐데, 산노 유적에서는 상당히 큰 백합이 종종 눈에 띈다. 이들 대형 백합 중에는 패각 내부가 불을 받아 가느다란 잔금이 나 있는 것이 있었는데, 이는 필자와 함께 산노 유적 자료를 보러 갔던 고이케 히로코小池裕子 선생이 발견하였다.

백합을 포함한 대부분의 패각에는 칼슘 성분이 많이 포함되어 있는데, 조리 등으로 직접 불을 받으면 화학적인 변질이 생긴다. 이는 패각의 내부 구조에 일어나는 변화인데, 이때 껍질의 표면에 가느다란 균열이 생기기도 한다. 필자가 고이케 히로코 선생과 함께 백합 패각을 하나씩 뒤집어 보았을 때, 5~6cm 이상의 대형 백합에 잔금이 나 있는 예를 쉽게 발견할 수 있었다. 이는 가장 오래된 백합구이의 자료이니 특별히 보관해달라고, 산노 유적 자료를 보관하고 있는 미에 현三重縣 교육위원회에 요청하였다. 교육위원회 관계자들도 그것이 백합구이의 원조라는 사실에 흥미진진해하였다. 필자와 고이케 히로코 선생은 새로운 발견으로 흥분하여 교육위원회로부터 선물 받은 '시구레하마구리' 상자를 품에 안고 귀로歸路에 올랐다.

다이묘 주택가의 백합

일본에서는 경사스러운 날에 특히 즐겨 차리는 식료품이 몇 가지 있는데, 참돔이 그 첫째이고 백합도 그중 하나로 꼽는다. 이러한 현상은 에도시대 이후부터 나타났으며, 백합은 다이묘의 혼례 등 의식에 빠지지 않는 음식 재료 가운데 하나였다. 이런 사실은 요리 방법에 대한 비전秘傳을 기록해 놓은 에도시대의 문헌 기록 등에서 엿볼 수 있으며, 최근 활발히 이루어지고 있는 에도시대 유적에 대한 고고학 조사에서도 새로운 사실이 밝혀지고 있다.

도쿄가 재개발되면서 도심부는 새로운 빌딩 숲에 둘러싸이게 되었는데, 새로이 빌딩이 들어선 대다수 지역에서 에도시대 유적이 발견되었다. 도쿄라는 도시 자체가 에도 시가市街에서부터 발달된 것이기 때문에, 도쿄 지하에는 에도라는 또 하나의 거대 도시가 묻혀 있는 셈이다. 이들 유적 가운데 하나인 아자부다이麻布台 1초메丁目에 있는 우정성郵政省 이쿠라 분관 구내飯倉分館構內 유적에서 출토한 백합을 분석한 결과는 무척 흥미롭다(麻布台1丁目遺跡調査會 1986).

이쿠라 분관 구내 유적은 옛 소련 대사관과 도로를 사이에 두고 마주보고 있다. 에도시대에는 요내자와 한米澤藩에 위치한 30만 석石 규모의 우에수기上杉 집안의 시모야시키下屋敷와 분고우수키 한豊後臼杵藩에 위치한 5만 석 규모의 아나바稲葉 집안의 시모야시키[10]가 있던 곳이다. 발굴 결과 다양한 근세의 유적·유물이 발견되었는데, 그 가운데 생활 폐

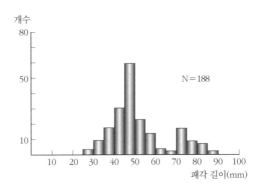

그림 18 백합 패각 길이의 쌍봉형 분포(우정성 이쿠라 분관 구내 유적 2호 구덩이)

기물을 버린 쓰레기장으로 보이는 구덩이에서 패류, 동물뼈, 물고기뼈 등 다이묘 주택가의 식생활을 알 수 있는 유물이 다수 출토되었다.

이쿠라 분관 구내 유적의 구덩이에서 출토한 백합의 크기를 측정해보면, 〈그림 18〉과 같이 패각 길이가 4~5cm인 것과 7~9cm인 것의 두 부류로 나뉜다. 그래프 모양이 쌍봉형雙峰形 분포인 셈이다. 반면에 바지락, 피조개 등 함께 발견된 다른 패류의 길이는 모두 단봉형單峰形 분포를 보이는데, 이는 이 유적에서 소비된 백합이 두 가지 크기로 선별되었을 가능성이 높다는 사실을 알려준다. 다시 말해, 대형 백합과 소형 백합 두 종이 있었던 것이다. 크기로 미루어 보아, 소형 백합은 조개탕 등 국물을 내는 데 사용되었을 것이고, 대형 백합은 백합구이에 이용되었던 것으로 생각된다. 피조개, 바지락 등은 크기에 따른 용도 구별이 없었던 것으로 보인다.

백합이 다이묘 등의 상급 무사 계급의 화려한 식사에 빠지지 않는 식품이었다면, 위로는 장군가將軍家부터 아래로는 어느 정도 지위와 경제

력을 지닌 무가武家에 이르기까지 수요가 꽤 많았을 것이다. 에도 시의 무사들에게는 오늘날 일본인들 이상으로 계절마다, 그리고 기회가 있을 때마다 열심히 선물을 주고받는 풍습이 있었다. 다이묘 가의 증답품贈 答品 목록에는 백합, 전복, 참돔 등 어패류가 다수 포함되어 있다(櫻井 1987).

이 같은 관습으로 인해, 특정 시기가 되면 이들 식료품의 수요가 쇄도 하기 때문에 상당한 재고를 확보하고 있어야 했다. 따라서 다이묘 가에 주로 출입하던 어물전 정도로는 이러한 수요를 만족시킬 수 없었고, 아 마도 훨씬 큰 규모의 어패류 도매상이 존재하였을 것이다. 도쿠가와 바 쿠후의 5대 쇼군將軍 도쿠가와 쓰나요시德川綱吉가 발포한 「쇼루이아와 레미노레이生類憐みの令」에는 식용 목적으로 물고기, 새, 패류, 거북이 등을 산 채로 매매를 해서는 안 된다는 '오후레お觸れ'가 나온다.[1] 여기 에서 에도시대의 꽤 이른 무렵인 17세기 후반에 이미 어패류를 활어조 活魚槽에 넣어 두었다가 대량 주문을 받는 체제가 정착되었음을 알 수 있다(戶澤 1985). 이상에서 이쿠라 분관 구내의 다이묘 주택가에서 출토 한 백합이 분명하게 두 가지 크기로 구별된다는 사실을 밝힘으로써 에 도시대 다이묘의 식생활뿐만 아니라 당시의 생선 식품 유통체계까지도 구체적으로 알 수 있게 되었다.*

---

*
에도시대 법령집이라고 할 만한 「오후레가키슈세이お觸書き集成」에는, 야채 등의 만물을 시 장에 출하할 시기가 계산 · 정리되어 있다. 이는 바쿠후가 생선의 유통을 통제하고, 사치하는 것을 억제하려 하였음을 보여준다.

3
식용하지 않은 패류

패총의 미소권패류

패총에서는 매우 다양한 종류의 패류가 발견되는데, 그 모든 종을 식용하였던 것은 아니다. 예를 들어 도쿄 도 미나토 구港區의 이사라고 패총에서는 83종의 패류가 발견되었는데, 그 가운데 절반 이상인 43종은 식용할 수 없는 매우 작은 권패류이다. 이처럼 높이가 2~6mm 정도에 불과한 극히 작은 권패류를 미소권패류微小卷貝類*라 부르는데, 이는 크게 해산海産과 육산陸産 두 종류로 나눌 수 있다. 〈그림 19〉에 해산 미소권패류, 〈그림 20〉에 육산 미소권패류의 몇몇 예를 그림으로 제시하였다. 이들 미소권패류는 크기가 매우 작아 일반적인 발굴 과정에서는 발견하기가 힘들다. 따라서 패층에서 일정한 부피로 시

미소권패류에는 원래 미소종微小種인 것과 일반 패류의 치패稚貝 두 종류가 있는데, 이 글에서는 미소종 권패류에 한정하여 예를 들었다.

료를 채취하여 10mm, 4mm, 2mm, 1mm 체를 이용하여 물체질하는 과정을 거쳐 채집하는데, 주로 2mm와 1mm 체 윗면에서 발견된다. 패각층에는 정어리, 전갱이 등 소형 물고기뼈도 함께 존재하며, 이들도 육안으로 발견하기는 어렵기 때문에 체를 이용하여 채집한다. 미소권패류는 크기로 보아 도저히 식료로 이용할 수 없다는 점이 명백한데도, 무엇 때문에 패총에서 다량 발견되는 것일까? 그리고 미소권패류는 선사시대를 이해하는 데 어떤 정보를 제공할까?

해산 미소권패류

〈그림 19〉는 이사라고 패총에서 발견된 해산 미소권패류 가운데 대표적인 몇몇 종이다. 이들의 생태, 특히 서식처를 살펴보면, 대체로 조간대潮間帶로부터 수심 20m가량까지의 범위에 존재하는 것이 많다. 그리고 이는 해조류가 자라는 곳에 서식하는 것과 바다 밑 모래펄이나 자갈밭에 서식하는 것 두 가지로 대별할 수가 있다. 이러한 환경에 서식하는 미소권패류가 패총 가운데서 발견된다는

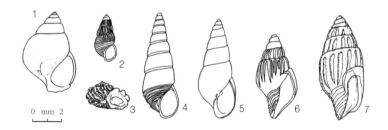

그림 19 해산 미소권패류 | 1. 긴갈색쥐방울고둥*Epheria decorata* 2. 쌀눈고둥*Alvania concinna* 3. 장비고둥 류*Pseudoliotia asterisca*[12] 4. 아키미조스즈메모쓰보 ア キ ミ ゾ ス ズ メ モ ツ ボ 5. 구치키레가이모도키 ク チ キ レ ガ イ モ ド キ, Odostomia sp. 6. 날씬이보리무륵*Mitrella tenuis* 7. 보리무륵*Mitrella bicincta*

것은, 그 자체를 채집하였기 때문이 아니라, 다른 것이 운반될 때 우연히 함께 딸려 온 결과로 보는 것이 더 타당하다. 이를테면 바다 밑 모래펄이나 자갈밭에 서식하는 백합, 굴 등 식용 패류를 채집할 때 패각에 붙어 있는 모래펄 속에 이들 미소권패류가 섞여 있었을 것으로 짐작된다. 또한 미소권패류 가운데는 해조류에 붙어서 서식하는 종이 있다. 이는 가네코 히로마사金子浩昌 등이 주장하였듯이(港區敎育委員會 1981), 조몬인들이 식용 또는 그 밖의 목적으로 해조류를 채집할 때 함께 딸려 온 미소권패류로 추정된다.

조몬인들은 참으로 다종다양한 수산 자원을 이용하였는데, 이 가운데 대부분은 물고기뼈나 패각처럼 몇 천 년 동안 패총에 보존된 자료를 통해 그 이용 여부를 판단할 수 있다. 그러나 해조류같이 직접 증거를 남기지 않는 것에 대해서는 그동안 물고기나 조개와 함께 당연히 이용하지 않았을까 하는 추측말고는 어떤 결론도 내리지 못하고 있었다. 그런데 이제 해조류에 서식하던 미소권패류를 확인함으로써 조몬인들이 해조류를 이용하였음을 구체적으로 밝힐 수 있게 되었다.

육산 미소권패류

이사라고 패총에서는 〈그림 20〉과 같은 육산 미소권패류가 17,224개나 발견되었다. 이렇듯 다량의 육산 미소권패류가 패층 속에 존재하리라고는 전혀 예상치 못하였다. 이들 가운데 깨알달팽이, 애기밤달팽이, 좀산우렁이, 호박달팽이, 기장달팽이가 특히 많이 발견되었는데, 육산 미소권패류 출토량의 약 84%를 차지하였다. 이들 육산 미소권패류는 본래 숲의 낙엽층 등에 서식하는 것으로,

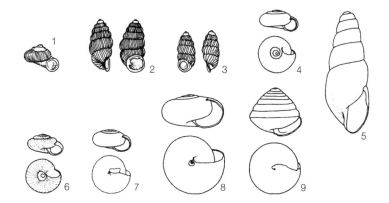

그림 20 육산 미소권패류 | 1. 좀산우렁이*Nakadaella micron* 2. 깨알달팽이*Diplommatina paxillus* 3. 왼돌이깨알달팽이*Palaina pusilla* 4. 호박달팽이*Retinella radiatula* 5. 대고동 *Allopeas kyotoense* 6. 실주름달팽이*Vallonia costata* 7. 아기밤달팽이*Discoconulus sinapidium* 8. 밤달팽이류Helixarionidae 우라지로벳코우마이마이ウラジロベツコウマイマイ[13] 9. 기장달팽이*Gasrodontella multivolvis*

패각층 안에 원래부터 존재하던 것이 아니다. 패총이 형성되어가는 동안에 권패류가 서식하기에 좋은 환경이 조성되자, 이곳으로 이동하여 번식한 것으로 추정된다.

유럽 초기 신석기시대 유적에서도 다양한 종류의 육산 미소권패류가 발견되고 있다. 유럽 지역은 신석기시대에 이르러 농경이 시작되기 전까지는 삼림으로 이루어져 있었다. 초기 농경민들이 나무를 베어 내고 농경지를 개간하기 시작하면서 초원이 형성되는데, 이 시기 유적에서는 삼림에 서식하는 육산 미소권패류가 사라지는 대신 양지성陽地性 권패류가 출현하는 양상이 나타난다. 이는 질경이나 민들레 같은 초원 식물의 화분이 증가해가는 양상과 더불어, 유럽 신석기시대에 삼림이 파괴되는 현상을 보여주는 증거로 이용되고 있다. 이러한 유럽의 예를 볼 때, 이사라고 패총에 이들 육산 미소권패류가 다량으로 번식할 만한 환경이 형성된 데는 특별한 요인이 있었을 것으로 추정된다. 그 요인이 무엇이었는지를 찾아보도록 하자.

육산 미소권패류의 분포와 패층의 퇴적

패총은 식용되고 남은 패각이 다른 생활 쓰레기와 함께 폐기된 결과 만들어진 것이다. 따라서 패총에서 사람들이 생활해나가는 동안 쉴 틈 없이 퇴적이 진행되었다고 생각하기 쉽다. 그러나 패총을 상세히 관찰해보면, 패각층의 모습이 각양각색임을 알 수 있다. 대부분 패각으로만 이루어져 다른 유물이나 토양 등을 거의 포함하지 않는 순패층, 패각 이외에도 상당량의 토양이 포함되어 있으면서 동시에 동물뼈, 물고기뼈, 토기편 등이 다량으로 발견되는 혼토패층, 패층이라기보다 숯과 재가 잔뜩 쌓인 재층, 토양이 대부분이고 패각은 소량만 포함된 혼패토층 등 다양한 형태의 패층을 찾아볼 수 있다.

이처럼 다양한 형태의 패층이 형성되는 것은 각 층에서 이루어진 인간의 활동에 차이가 있었기 때문이다. 예를 들어, 순패층은 패류의 채집과 소비 활동이 단기간 동안 집중적으로 이루어진 결과 형성된 것으로 생각되며, 재층이 존재한다는 것은 대량의 연료 소비 행위가 있었음을 시사한다. 이같이 하나의 패층이 형성된 후 그 위에 다른 성격의 패층이 형성되는 패총 퇴적 과정은 패총을 형성한 사람들이 하나의 활동에서 다른 활동으로 옮아가면서 생활하던 과정을 보여준다. 다시 말해, 하나의 패층에서 다른 패층으로 층의 퇴적이 바뀌는 중간에는 하나의 활동에서 다음 활동으로의 이행과 단절이 반영되어 있는 것이다.

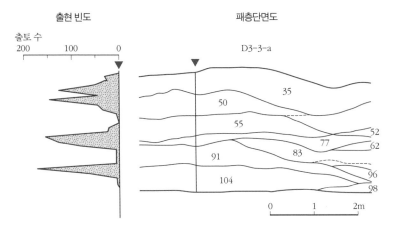

그림 21 육산 미소권패류의 출현 빈도와 패층(이사라고 패층)

이 같은 패층 형성의 단속斷續과 육산 미소권패류의 분포를 비교해보면 흥미로운 사실이 드러난다. 〈그림 21〉은 패층의 퇴적 순서를 나타낸 패층단면도와 각 패층에서 출토된 육산 미소권패류의 출현 빈도 그래프를 대비해본 것이다. 이를 보면, 육산 미소권패류가 모든 패층에 골고루 분포하는 것이 아니라 몇몇 지점에만 집중되어 있는 것을 알 수 있다. 특히 패층과 패층이 만나는 층간면層間面 부근에서 다량으로 발견되는 경우가 많다는 사실이 주목된다.

이들 육산 미소권패류는 패층의 퇴적이 진행될 때보다는 패층의 퇴적이 일시적이라도 중단되어 낙엽 등이 쌓이는 상황에서 주로 번식하였던 것으로 짐작된다. 이렇듯 육산 미소권패류의 패층 속 분포를 조사함으로써, 패층의 퇴적이 지속적으로 이루어진 것이 아니라 퇴적기와 휴지기休止期가 교차로 되풀이되었음을 밝힐 수 있게 되었다.

이사라고 패총에서는 이 같은 패층 퇴적의 휴지기가 10~12회 정도 되풀이되었음이 밝혀졌다. 아마도 이는 패류 채집의 주기週期를 보여주는 것이라 생각된다. 사람들의 활동이 패류 채집에 집중되었던 시기와 패류 이외의 식료 획득에 집중되었던 시기가 주기적으로 반복되는 과정을 육산 미소권패류의 분포를 살펴봄으로써 이해할 수 있게 된 것이다.[14]

"One cannot see everything."

해산이든 육산이든 모든 미소권패류는 발굴 현장에서 발견하고 채집하기에는 매우 미세한 크기이다. 따라서 패층을 일정량 채취하여 가는 체로 물체질하고, 핀셋으로 하나하나 골라내는 끈기 있는 작업을 거쳐야만 연구할 수 있다. 이러한 과정은 마치 쌀알 속에 섞인 피와 좁쌀을 골라내는 것과 같아서, 매우 피곤하고 지루한 작업이다. 이사라고 패총을 연구할 때는 많은 학생들이 이런 성가신 작업에 동참해주어 위에서 소개한 흥미진진한 내용을 밝혀낼 수 있었다.

이처럼 인내가 필요한 세밀한 작업을 해야 하는 탓에 미소권패류에 대해서는 발굴이 종료되고 나서도 장시간이 흐른 뒤에야 그 결과를 알 수 있다. 그런데 결과를 알았을 즈음에는 이미 발굴한 패총은 대부분 사라지고 없다. 따라서 분석 결과가 나온 다음에는 이를 발굴 현장에서 다시 한번 확인할 수 없는 경우가 많아, 구태여 확인해야 할 점이 있다면 비슷한 조건의 다른 패총을 조사하는 수밖에 없다.

발굴 현장에서 얻은 소견과 자료를 분석한 결과가 일치하면 좋겠지만, 때로는 나중에 나온 분석 결과가 앞서 현장에서 관찰한 결과와 다를 수도 있다. 이런 때에는 아무래도 처음 현장에서 얻은 소견을 따르는 경향이 강하다. 새로 알아낸 분석 결과에 기초하여 발굴 당시 소견을 정정하는 예는 매우 드물다. 이는 고고학자들이 발굴이라는 현장주의現場主義를 중히 여기기 때문이다. 하지만 항상 발굴 현장에서 판단한 바가 옳다고 볼 수는 없다. 예를 들면, 미소권패류 분석 결과, 패층 형성 과정에서 발굴 현장에서는 분명히 인식할 수 없었던 휴지기가 있었음이 밝혀졌다면 이를 토대로 발굴할 때의 인식을 수정할 필요가 있다.

이러한 문제에 대해 호주국립대학교The Australian National University의 골슨J. Golson 교수와 이야기를 나눈 적이 있는데, 내 말을 듣고 있던 교수는 빙긋 웃으며 "One cannot see everything(우리가 모든 것을 알 수는 없다)"라고 답하였다. 인간은 유능한 존재이지만, 그 유능함에는 일정 한계와 함정이 반드시 있기에 인간이 모든 것을 다 파악할 수는 없다는 이야기이다. 그러나 그 한계를 하나씩 뛰어넘어가는 것이 새로운 진보를 향한 첫걸음이 될 터이다. 흔히, 자신이 한 발굴에는 잘못된 점이 있을 수 없다는 자신감이 넘쳐흐르는 사람을 만나곤 한다. 자신감을 갖는 것은 좋지만, 자신의 발굴 작업에 추호의 실수도 있을 수 없다고 과신하는 것은 자신의 가능성을 스스로 제한하는 것이라 생각한다. 패총에서 출토된 미소권패류의 존재는 끈기 있고 정밀한 실내 작업을 통해 패층을 분석하는 것이 얼마나 중요한지를 보여주는 좋은 예라 할 수 있다.

어골이 전해주는 정보

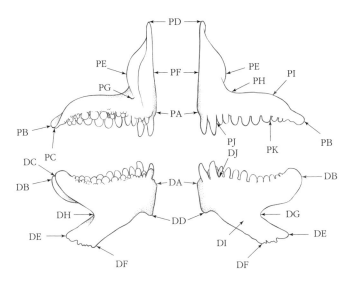

참돔의 전상악골과 치골 | 참돔의 턱뼈는 상하 좌우 4개의 뼈로 이루어져 있다. 위턱을 전상악골前上顎骨, 아래턱을 치골齒骨이라 부른다. 이들은 매우 단단하기 때문에 대부분 패총에 잘 보존되어 있다. 어골의 크기를 측정하여 참돔의 몸길이를 복원할 수도 있는데, 이는 과거의 어로 양상을 이해하는 데 중요한 정보가 된다. 그림의 화살표와 글자는 몸길이를 복원하기 위해 어골을 측정할 때 사용되는 계측점 위치를 나타낸다(아카자와 다케시赤澤威 제공).

1
연어 · 송어 그리고 조몬인

조몬인의
주식

　　　조몬인들의 주요한 생계 양식이 무엇이며, 어떤 식료를 주식으로 섭취하였는가 하는 문제는 조몬 문화의 전모가 대략 밝혀진 쇼와시대 초부터 학계의 중요한 관심사 가운데 하나였다. 이에 관한 본격적인 연구는 메이지, 다이쇼시대 동안 막연히 수렵 · 채집민이라 여겨 왔던 조몬인에 대해, 오야마 가시와大山柏가 전혀 새로운 각도에서 문제를 제기하면서 시작되었다. 오야마는 가나가와 현神奈川縣 가쓰사카勝坂 유적*을 발굴하여, 후에 가쓰사카식勝坂式이라 명명된 조몬 중기의 대표적인 토기와 다량의 타제석부를 찾아냈다. 이 타제석부는 거친 타격흔이 있는 날을 가지고 있는데, 나무를 베거나 가공하기에는 적당하지 않

가나가와 현 사카미하라 시相模原市 이소베磯部에 있는 조몬시대 중기의 유적. 1926~1927 년에 오야마가 발굴하여 대량의 토기와 타제석부를 수습하였다. 여기에서 출토된 토기는 나중에 가쓰사카식이라 명명되어 조몬시대 중기를 대표하는 토기가 되었다.

은 것으로 판단되었다. 오야마는 이들 석부가 벌목이나 목공용이 아니라 굴지용이었을 것으로 추정하고, 세계 각지에 현존하는 원시 농경민의 사례를 참고하여 조몬시대에 일종의 '원시재배原始栽培'가 행해졌다고 주장하였다(大山 1927). 그런데 어떤 작물이 '재배'되었는지는 고고학적으로 밝혀내지 못해, 다른 연구자들을 납득시키지는 못하였다.

조몬 문화의 전체 양상이 밝혀지면서, 과연 수렵·어로라는 획득 경제만으로 조몬 문화와 같은 수준에 도달할 수 있었을까 하는 강한 의문이 일었다. 조몬시대 중기 이후에 이르면, 견고하게 지은 주거지로 구성된 마을이 등장하고 배석유구配石遺構나 토우土偶같이 종교적 목적으로 사용된 유구나 유물도 증가한다. 게다가 토기와 그 밖의 기물器物에 매우 발달된 장식 요소가 첨가되어, 일본 원시미술의 한 정점이라고 할 만한 수준에 다다르게 된다. 이토록 발달한 문화상이 과연 획득 경제의 기반 위에서 이루어질 수 있는지에 대한 의문이 제기된 것은 당연한 일이다.

이 같은 상황에서 도우마 세이다藤間生大는 제2차 세계대전 후 가장 먼저 조몬시대 종말기에 '원시 농경'이 존재하였음을 언급하였으며(藤間 1951), 후지모리 에이이치藤森榮一는 이를 강력히 주장하기에 이르렀다. 후지모리는 중부 산악지대, 특히 야쓰가타케八ヶ岳 남쪽 산기슭에 조몬시대 중기의 대규모 취락이 존재하는 점에 주목하고, 수렵·채집만으로는 이처럼 대규모의 취락이 유지되기 힘들다는 점을 지적하였다. 후지모리가 후에 '조몬 중기 농경론繩文中期農耕論'이라 불리는 주장을 언급한 계기는 1960년에 소리曾利 유적* 5호 주거지에서 빵 모양 탄

─ •
나가노 현長野縣 스와 군諏訪郡 후지미 정富士見町에 있는 조몬시대 중기의 유적. 1960년 이

화물을 발견한 것이다(藤森 1965). 쿠페빵[1] 모양의 이 탄화물은 전분질 가루를 포함하고 있었던 것으로 추정되어, 농작물 이용 가능성을 보여 주는 증거로 채택되었다. 이로 인해 조몬시대 중기의 식물 이용에 대한 관심이 현저히 높아졌으며, 오야마의 주장을 이어받아 '조몬 중기 농경론'이 성행하는 결정적인 계기가 되었다.

연어 · 송어론

1960년대 말부터 1980년대 중반에 이르기까지 '조몬 중기 농경론'은 조몬시대 연구의 주요 쟁점 가운데 하나였다. 후지모리 에이이치를 비롯한 이른바 '조몬 중기 농경론자'들과 그를 비판하는 연구자들 사이에 다양한 논의가 이루어졌다. 마치 백가쟁명百家爭鳴과 같은 상황 속에서, 야마노우치 스가오山內淸南는 "조몬시대 생계 양식을 보여주는 가장 압도적인 증거는 패총에 남겨진 동물뼈 · 물고기뼈 · 패각 등이며, 이는 곧 수렵 · 어로 · 채집의 증거다"라고 단언하였다(山內 1964). 야마노우치는 조몬인의 주된 식료가 사슴 · 멧돼지 같은 동물, 어패류, 그리고 오늘날 구황 식품으로 알려진 도토리 · 상수리 등의 나무 열매였다고 주장하면서, 조몬인과 유사한 환경 속에 살았던 캘리포니아 원주민을 예로 들어 설명하였다. 나아가 동일본에서는 도토리 외에도 하천으로 거슬러 올라오는 대량의 연어 · 송어류[2]를 이용할 수 있었다는 점을 근거로, 주로 도토리류에 의존하였던 서일본보다 동일본 지역의 조몬 문화가 더 안정된 식료 기반을 지니고 있었다고 주장

후 5차에 걸쳐 발굴되어, 조몬시대 중기 말의 주거지가 다수 발견되었다. 소리식 토기의 표지標識 유적이기도 하다.

하였다. 이것이 바로 그 유명한 야마노우치의 '연어·송어론'이다.

야마노우치의 이 구상은 일찍이 제2차 세계대전 이전부터 가다듬은 것인데, 구체적인 형태로 발표된 것은 전쟁 이후이다. 일본 열도의 조몬 문화를 전체로 조망하면, 주부中部 지방 동쪽의 동일본과 긴키近畿 지방 서쪽의 서일본으로 크게 구분할 수 있다. 동일본은 서일본에 비해 문화적으로 탁월했다고 여겨지는 요소가 많은 편이다. 유적의 분포 밀도를 보아도 동일본이 훨씬 조밀하다. 또한 조몬 문화를 특징짓는 여러 가지 문화 요소, 토우와 그 밖의 종교적 유물, 각종 골각제 어로 도구 등은 대부분 동일본에서 출현하고 발달한 것이다. 이런 관점에서 동일본의 자연환경이 조몬 문화를 발달시키기에 더 적합하였다고 여겨지는데, 야마노우치의 '연어·송어론'은 이러한 현상을 설명하는 데 매우 유용하다고 생각되었다. 조몬시대 생계 경제를 둘러싸고 다양한 논의가 이루어졌던 1960년대 후반에서 1980년대 전반의 상황은 한마디로 '조몬 중기 농경론'과 '연어·송어론'의 대립이었다고 할 수 있다.

뼈 는 어 디 로 사 라 졌 나 ?

'연어·송어론'은 여러 가지 면에서 조몬시대 생계 기반을 이해하는 데 유용한 이론이지만, 한 가지 문제점을 안고 있다. 조몬인이 연어·송어를 대량으로 포획하여 안정된 식량 자원을 확보하고 있었다는 것을 증명할 만한 증거, 다시 말해 연어·송어의 어골이 패총에서 거의 발견되지 않는다는 점이다. 고고학이라는 학문은 유적, 유물이라는 매우 구체적인 자료를 토대로 역사를 복원하기 때문에 증거제일주의 성향이 강하다. 도토리나 그 밖의 나무 열매는 탄화된 상태로 구덩이 속에서 다량 발견되어 증거가 충분히 확보되어 있지만, 이에 반해 참돔, 농어 등 여러 종류의 물고기뼈는 대량으로 패총에서 발견되는데 도 연어나 송어의 뼈는 거의 그 존재가 확인되지 않는 상황이다. 이러한 문제 때문에 '연어·송어론' 자체에 의문을 갖는 학자들도 있다.

이 점에 대해서는 '연어·송어론'의 창시자인 야마노우치도 충분히 인식하여, 연어·송어의 뼈가 패총에서 출토되지 않는 이유를 설명한 바 있다(山內 1964). 그는 연어·송어를 대량으로 이용하는 북미 캘리포 니아 원주민의 민족지 사례에 근거하여, 연어나 송어는 장기간 보존하 기 위해 건조한 후 가루로 만들어 이용하기 때문에 뼈도 대부분 으스러 져 유적에서 발견되지 않는 것이라고 주장하였다.

그러나 여러 민족의 조리 방법을 살펴보면, 한 가지 식료를 오직 한 종류의 방법만으로 가공하는 예는 극히 드물다. 오늘날 우리도 그러하 듯이, 연어를 날로 먹는다든지, 구워 먹는다든지, 말려 보존한다든지, 훈제한다든지 등의 갖가지 형태로 조리하거나 보존하는 것이 오히려 자 연스럽다. 말려서 가루로 만드는 것이 조리 방법 가운데 하나일 수는 있 으나, 그렇다고 해서 그것이 패총에서 연어와 송어의 뼈가 거의 발견되 지 않는 이유의 전부일 수는 없다.

'연어·송어론'을 지지하는 학자들은 연어·송어의 뼈가 패총에서 발견되지 않는 이유에 대해 다양한 의견을 제시하였다. 훈제해서 보존 할 때는 뼈까지 먹게 되므로 뼈가 남지 않는다든가, 아이누 족의 의례 행위에서 관찰되는 것처럼 연어·송어의 뼈를 재생 의례再生儀禮*에 사

동물의 영혼이 사후에 영혼의 안식처에 돌아갔다가 다시 동물의 모습으로 되돌아오도록 비는

용했기에 패총에 뼈가 버려지는 일이 없었다든가 하는 의견 등이 대표적인 예이다. 또한 동북아시아 어로민의 습속을 토대로, 한 번에 대량으로 포획된 연어·송어는 취락으로 가져오지 않고 어획한 하천 근처에서 손질하여 장기 보존을 위한 가공 처리를 하였기 때문에 연어·송어의 뼈가 강가에 폐기되었을 것이라는 의견도 제시되었다. 때로는 연어·송어는 대부분 하구 근처가 아니라 하천의 폭이 좁아지는 강 중·상류에서 포획되기 때문에 하구에 형성된 패총에서 연어·송어의 어골을 발견하기 힘들지 않겠느냐고 되묻는 경우도 있다.*

있었을까,
없었을까?

이상에 소개한 의견들은 "조몬인은 연어·송어를 활발히 이용하였지만, 무슨 이유에서인지 패총에서는 뼈가 출토되지 않는다. 아마도 이러이러한 이유 때문일 것이다"처럼 패총에서 연어·송어의 뼈가 발견되는 예가 매우 드물다는 사실을 어떻게 설명할까에 역점을 두고 있다. 이와 같은 설명 방식은 어느 정도 유용할 수도 있지만, 가장 기본적인 문제를 간과하고 있다. 이런 모든 논의에 앞서, 연어·송어의 뼈가 패총에서 출토되는 예가 정말 드문지에 대해 실제 패총 발굴을 통해 확인할 필요가 있다. 이 점을 날카롭게 지적한 사람이 와타나베 마코토渡邊誠이다. 와타나베는 아오모리 현青森縣 루이케類家 패총 발굴

의례로, 동북아시아의 많은 수렵·어로 사회에서 확인된다. 아이누 족의 곰제[熊祭]가 특히 유명하다.

*
이에 대해서는 스즈키 기미오의 글(鈴木 1979b)을 참조하기 바란다.

에서 연어·송어의 뼈를 검출하는 한편, '연어·송어론'을 지지하는 많은 학자들이 패총을 조사하면서 이 문제를 해결하려 하지 않고 아이누족 등의 민족지 사례를 끌어들여 단편적인 설명을 시도하는 데 그쳤음을 비판하였다(渡邊 1967).

같은 무렵 다카야마 준高山純은 북방 어로민에 대한 풍부한 민족지 예를 참고로 연어·송어를 이용하는 어로민들은 뼈를 남기지 않는 조리법과 의례뿐만 아니라 뼈가 남겨지는 조리 및 가공법도 함께 사용하였음을 지적하고, 만약 조몬인이 연어·송어를 이용하였다면 패총에서 그 뼈가 발견되어야 한다고 주장하였다(高山 1974). 와타나베와 다카야마의 입장은, '연어·송어론'의 타당성은 패총에서 연어·송어 뼈를 확인함으로써 입증되어야 한다는 연구의 기본자세를 강조한 것이다. 뒤에 자세히 언급하겠지만, 오늘날에는 체를 사용하는 물체질 분류법이 보편적으로 적용되어 연어·송어 뼈의 발견 예가 점차 증가하고 있다.[3]

2

조몬인과 어류 가공

**어골 채집 및
분석 방법**

　'연어·송어론'의 타당성을 증명하는 데 열쇠가 될
연어·송어의 뼈가 패총에서 발견되지 않는 것은 유적에서 어골을 찾
아내는 방법에 문제가 있기 때문이기도 하다. 앞에서 미소권패류에 대
해 다루면서 언급하였듯이, 발굴 과정에서 작은 크기의 자료는 놓쳐 버
리기 쉽다. 패총에서 출토되는 물고기뼈는 대부분 뿔뿔이 흩어진 파편
상태이며, 물고기뼈 하나하나의 크기도 동물뼈 등에 비해 매우 작다. 따
라서 패총에 연어나 송어의 뼈가 남아 있는지 없는지를 분명히 밝히기
위해서는, 패층 속에 존재하는 미세한 어골을 빠짐없이 채집할 수 있는
발굴 방법을 적용해야 한다. 이러한 방법을 사용하였는데도 여전히 연
어·송어의 어골이 출토되지 않는다면, 이는 하나의 고고학적 사실로
받아들여야 한다. 패총에서 어골을 효과적으로 채집·분석하기 위해서
는 각 단계별로 적절한 방법을 적용하는 것이 중요하다.

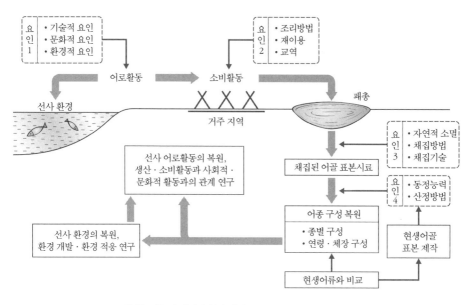

그림 22 어골의 채집과 분석 방법(鈴木 1984에서 일부 변경)

〈그림 22〉는 이러한 목적으로 고안된 어골의 분석 방법을 그림으로 나타낸 것이다(鈴木 1984). 이 그림은 물고기가 선사시대 사람들에게 잡혀서 소비된 후 어골로 패총에 버려질 때까지의 과정과 패총에 퇴적된 어골을 현대의 고고학자들이 발견하고 분석하는 과정을 보여준다. 이 가운데 요인 1~4는 패총의 어골을 분석할 때 관건이 되는 요소들을 나열한 것이다. 이러한 다양한 요인 때문에 선사시대에 존재하였던 어골의 일정 부분이 소멸되어 오늘날 분석을 할 수 없게 되는 것이다.

요인 1은 선사시대 바다에 살던 물고기 전부가 포획되었던 것은 아님을 뜻한다. 당시 어로 기술로는 잡을 수 없었던 물고기의 뼈가 패총에 버려질 리 없다. 만약 당시 기술 수준으로 당연히 포획되었을 만한 물고기의 뼈가 패총에서 발견되지 않는다면, 이는 정확한 이유를 알 수는 없으나 당시 사람들이 그 물고기를 잡지 않았기 때문일 것이다. 이를테면 특정 물고기에 대한 숭배totemism나 금기taboo 같은 문화적 요인이 작용하였을 수 있다.*

요인 2로 제시한 것은 잡힌 물고기가 소비될 때 생기는 문제이다. 전갱이나 정어리 같은 작은 물고기를 오늘날처럼 으깨어 어육으로 가공하는 방법으로 조리하였다면, 이들 물고기 뼈는 고고학 자료로 남아 있을 수 없다. 야마노우치는 연어·송어의 뼈가 패총에 거의 남아 있지 않은 것이 바로 이러한 요인 때문이라고 주장하였다. 또한 포획한 물고기를 건어물 등으로 가공하고 다른 집단과 교역하였든가, 패총 이외의 다른 장소로 운반하여 그곳에서 소비하였다면, 패총에서 발견되는 어골은 부위별로 출현 빈도가 다른 양상을 보이게 될 것이다.

예를 들어 뉴질랜드의 패총에서는 일본의 참돔과 매우 유사한 호주돔, 일명 스내퍼snapper라 불리는 물고기의 뼈가 대량으로 출토되는데, 이 물고기의 턱뼈와 척추뼈의 출토량을 비교해보면 턱뼈가 지나칠 정도로 훨씬 많이 나타난다(Shawcross 1967). 만약 물고기를 잡아 일상적인 방법으로 소비한다면, 유독 턱뼈만 많이 남지는 않는다. 패총을 발굴한 쇼크로스는 당시 사람들이 물고기의 머리를 자르고 내장을 도려낸 뒤 건어물로 가공하여 거주 지역으로 가져갔기 때문에, 머리 부분은 패총에 남고 몸통 부분은 소비 지역에 남게 되었을 것이라고 생각하였다. 따

—•
특정 물고기를 피하는 풍습의 하나로, 에도시대 무사는 전어錢漁를 먹지 않았다. 속설에 따르면 전어를 일컫는 '고노시로ㄱノシロ'라는 단어가 '이 성[此城]'을 뜻하는 고노시로このしろ와 발음이 같아, 성을 빼앗길 수 있다는 생각에서 먹지 않았다고 한다.

라서 패총에서 턱뼈는 다량 발견된 데 비해 척추뼈는 거의 보이지 않게 된 것이라 설명하였다. 이는 물고기의 가공 방법에 따라 머리와 몸통 부분이 각기 다른 장소에서 소비되고 폐기될 수 있다는 사실을 보여준다. 어골의 특정 부분, 예를 들어 상어의 이빨이나 척추뼈 등이 장식품의 원료로 쓰였을 때도 이와 비슷한 상황이 일어난다. 이는 곧 어골의 재이용이라는 요인에 따른 것이라 할 수 있다.

이상의 요인으로도 사라지지 않은 어골은 무사히 패총에 버려진다. 그러나 고고학자들이 연구를 시작하기까지는 요인 3이라는 또 하나의 관문을 통과해야만 한다. 어골이 패총에 버려지고 나서 오늘날에 이르기까지는 시간의 단층斷層이 존재한다. 이 기간 동안 어골은 흙 속에서 썩어 없어지거나 부서지는 일도 당연히 일어난다. 그리고 이보다 더 문제가 되는 것은, 이미 몇 차례 언급하였듯이 연구자들이 조사 과정에서 자료를 놓치고 지나쳐버릴 위험성이다. 채집 과정에서 누락되는 일을 막기 위해서는 표본시료 추출이 매우 중요하다. 바로 이 부분이 '연어·송어론'의 한계였는데, 최근 가는 체를 이용한 물체질 분류법을 여러 패총 발굴에 적용한 결과, 분쇄된 연어과科 어류의 뼈를 각지에서 발견할 수 있었다.

이러한 과정들을 거치면 고고학 연구의 기본인 '채집된 어골'을 손에 넣을 수 있게 된다. 그러나 이를 고고학 자료로 활용하기 위해서는 우선 그 어골이 어느 물고기의 뼈인지를 밝혀내야 한다. 이러한 과정을 종種 동정同定이라고 한다. 이는 현생 물고기의 골격 표본과 패총에서 출토한 어골을 비교하여 종을 판정하는 것인데, 상당한 경험과 전문 지식이 필요한 작업이다. 또한 동정한 어골을 산정하여 수량화하는 일도 중요하다. 이러한 과정을 거치면 패총에서 출토된 어골로부터 어류의 종 구성, 연령 구성, 몸길이 구성, 부위별 출토 빈도 등의 자료를 도출할 수 있게 된다. 그리고 이를 현생 어류의 생태 등과 비교함으로써 선사시대 어로 활동의 실태, 생산 · 소비 활동의 양상 등을 구체적으로 밝힐 수 있게 되는 것이다.[4]

대량의 미소 척추골

어골을 분석함으로써 밝혀진 흥미로운 사실에 대해 예를 들어 보기로 하겠다. 필자가 발굴 조사에 참여한 이와테 현岩手縣 미야노宮野 패총*의 패층 표본시료에 대해 물체질 분류법을 적용한 결과, 1mm 눈금 체 윗면에서 아주 작은 크기의 물고기 척추뼈 다수가 발견되었다. 이들 이른바 미소 척추골微小脊椎骨은 몸길이 10cm 이하의 멸치, 정어리, 고등어 등의 치어稚魚에서 나온 것으로 보이는데, 패층 1m³당 출토량을 토대로 환산해보면 패총 전체에 27,000개 이상의 척추뼈가 존재한다는 결론에 도달하게 된다. 패총에서 발견되는 어골은 파손된 것이 대부분인 데 비해, 이들 미소 척추골은 대부분 형태를 유지하고 있다. 그중에는 척추뼈끼리 한데 모여 있는 상태로 발견되는 예도 있는 등 다른 어골과는 달리 대대수의 보존 상태가 양호한 편이었다. 지름이 성냥개비 정도에 불과한 연약한 뼈들이 이토록 잘 남아 있는 데는 어

이와테 현 게센 군氣仙郡 산리쿠三陸 료리綾里에 있는 조몬시대 후기~만기의 패총. 일찍이 제2차 세계대전 전부터 알려졌지만, 일본 철도 사카리盛 선이 오후나토 시大船渡市에서 연장되면서 이와 관련된 노선 및 역사 건설 지역에 포함되어 이와테 현 매장문화재센터와 필자가 함께 조사하였다.

떤 특별한 이유가 있을 것이라 생각하지 않을 수 없다.

그 이유에 대해서는 두 가지 가능성이 고려된다. 첫째는 이들 미소 척추골이 미야노 패총인들의 식료로서가 아니라 전혀 다른 이유로 패총에 남겨졌다는 의견인데, 이는 앞서 소개한 해산 미소권패류가 패총에서 발견되는 것과 같은 상황을 상정한 것이다. 둘째는 이들 미소 척추골이 뼈를 전혀 손상하지 않는 방법으로 소비되었다는 견해다.

첫째 견해는 멸치, 정어리, 고등어의 치어를 잡아먹은 가다랑어, 다랑어 등이 미야노 패총인에게 잡혀 내장, 특히 위주머니 등이 패총에 버려진 결과, 이들 작은 물고기의 뼈가 패층에 남겨졌다고 보는 것이다. 미야노 패총을 비롯한 산리쿠 연안 대다수 패총에서 다랑어, 가다랑어 등의 뼈가 일정량 발견되므로 꽤 가능성이 높은 추정이라 할 수 있다.

이를 확인하기 위해 도카이 구東海區 수산연구소의 아베 무네아키阿部宗明 선생의 도움을 받아, 산리쿠오키三陸沖에서 포획된 150마리의 가다랑어 위 속의 내용물을 검사하였다. 150마리 가운데 멸치, 정어리, 고등어의 치어가 발견된 것은 56마리인데, 가장 많은 물고기가 발견된 단일 위주머니 속에는 멸치 22마리, 정어리 4마리, 고등어 1마리 등 총 27마리의 치어가 들어 있었다(鈴木 외 1980). 만약 이 위주머니가 패총에 버려졌다면, 척추뼈의 수는 모두 1,153개에 이를 것이다. 56마리의 가다랑어 위주머니 전체에서 멸치 252마리, 정어리 39마리, 고등어 49마리로 총 340마리의 치어가 발견되었는데, 이들이 모두 패총에 버려졌다면 모두 12,929개의 척추뼈가 남겨진 셈이다.

그러나 약 3분의 2에 해당하는 나머지 94마리 가다랑어의 위 속은 비

어 있었다. 이 점을 고려하면, 가다랑어·다랑어가 다량으로 어획되어
야만 다량의 미소 척추골이 패총에 남겨진다는 점이 명백해진다. 그런
데 미야노 패총에서는 이러한 조건을 만족시킬 만한 다량의 가다랑어나
다랑어뼈가 출토되지 않았다. 미야노 패총에서 발견된 물고기는 일반
적으로 참돔·쏨뱅이·볼락[5] 등의 암초성 저서어이며, 가다랑어·다랑
어 같은 회유어는 소량만 발견된다. 따라서 이들 미소 척추골 일부가 가
다랑어나 다랑어의 위주머니에서 유래하였을 가능성을 부정할 수는 없
지만, 패층 1m³당 27,000개라는 다량의 미소 척추골이 전부 가다랑어
나 다랑어의 위주머니에서 나온 것이라고 보기는 힘들다.[6]

소형 어류와
어장魚醬 생산

이상으로 보아 미야노 패총의 미소 척추골은
미야노 패총인들이 식료로 잡은 정어리 등의 작은 물고기를 뼈를 파손
하지 않는 방식으로 소비한 결과라는 둘째 견해를 검토해볼 필요성이
커졌다. 소형 물고기를 이처럼 소비하는 방식은 꽤 특이한 것이다. 오늘
날도 그러하듯이 작은 물고기는 구워서 통째로 먹을 수 있는데, 이때 물
고기뼈가 사람의 치아 등에 의해 손상될 것이라는 점은 명백하다. 따라
서 이들 미소 척추골이 원형에 가까운 형태로 패층 속에서 발견된다는
것은, 인간의 소화 기관에 의해 손상되지 않는 방식으로 소비되었다는
점을 시사한다.

뼈를 손상하지 않고 소비할 수 있는 방식으로 가장 가능성이 높은 것
이 어장魚醬 제조이다. 어장이란, 소금을 사용하여 물고기를 발효시킴
으로써 물고기의 단백질을 맛 좋게 바꾸는 방법으로, 기원은 확실치 않

으나, 오래전부터 사용되어온 물고기 가공법의 하나로 전 세계에 널리 퍼져 있다. 그리스·로마의 고대에는 고등어 등으로 만든 가람garam이라 불리는 일종의 어장魚醬이 있었다.* 가람은 고등어의 내장을 이용하여 만든 것과 몸통으로 만든 것이 있었는데, 소스sauce 형태로 만든 것은 매우 귀했으며 굴 등에 발라 먹었다. 이는 오늘날 멸치 소스anchovy sauce의 원조라 할 수 있다(Shackley 1977).

중국, 동남아시아 등에도 작은 물고기를 발효해 만든 어장과 젓갈이 있는데, 베트남에서 없어서는 안 되는 조미료 가운데 하나인 누옥맘nuoc mam도 어장의 일종이다(石毛 1986). 어장은 물고기를 발효해 만든 탓에 특유한 냄새가 나는데, 익숙하지 않은 사람은 코를 틀어막기 십상이다. 18세기에 캄차카 반도를 찾은 유럽인들은 원주민들의 지하 주거 속에서 나는 어장 냄새를 못 견뎠다고 한다.

일본에서도 어장 제조에 대해 조금씩 알려지고 있다. 아키다秋田 지방의 숏쓰루魚醬汁, 노토能登 지방의 이시루イシル(또는 이시리イシリ), 가가와香川 지방의 까나리 젓국(장유醬油) 등이 대표적이다. 숏쓰루는 정어리와 특산 도루묵을 소금에 절인 후 그 위에 뜬 즙을 사용해 만든 것이다. 노토의 이시루는 와지마輪島 지방에서는 오징어를 사용하고, 스즈珠洲 지방에서는 정어리를 사용하는데, 소금에 절여 1년 정도 발효시켜서 그 위에 뜬 진액을 이용한다. 간장보다 약간 거무스름한 색인데, 독특한 풍미가 있다. 이를 이용하여 야채와 어패 등을 삶은 이시루 전골은 노토의

---

* 가람은 당시 상당히 고가高價의 식품이었는데, 보스포루스Bosporus 지방에서 이를 제조하였던 것으로 보이는 유구가 발견되기도 하였다.

겨울 별미이다.* 가가와에서는 까나리를 사용하여 어장을 제조하는데, 상당히 장기간에 걸쳐 물고기를 계속 더해가며 만들 수도 있으며, 완성된 어장은 꽤 오랫동안 보존이 가능하다.

어장이란, 말 그대로 작은 물고기를 발효시켜 생긴 액즙을 말하는데, 액즙만 사용하고 생선 몸통과 뼈는 이용하지 않는다. 조몬시대에 바닷물을 이용해 어장을 만들었다면, 미야노 패총에서 발견된 정어리류와 고등어의 치어는 어장을 만드는 적절한 원료가 되었을 것이다. 그리고 이렇게 어장 제조에 이용된 작은 물고기의 뼈가 패총에 그대로 버려짐으로써 완전에 가까운 형태의 미소 척추골이 대량으로 존재하게 되는 것이다.

어장은 조몬시대부터 제조되었을 것으로 추정된다. 벼농사를 하게 된 이후에도 지속적으로 만들어졌으나, 중세부터 근세에 이르러서는 상품작물로 재배된 대두를 사용하여 간장을 제조하게 되면서 차츰 줄어들다가 오늘날에는 몇몇 지역에서만 전통 식품으로서 명맥을 유지하기에 이르렀다. 이처럼 패총에서 발견된 어골을 상세히 분석하면, 선사시대부터 오늘날에 이르는 어류 가공법 역사의 일단을 밝힐 수 있다.

건어물 교역과
생선 공급한계선

건조법은 어류 가공법 가운데 특별한 기술이 필요없이 가장 간단해서 오래전부터 사용해오던 방법이다. 이는 물

---
*
이시루 전골은 어장 특유의 냄새가 나서 오늘날에는 그다지 좋아하지 않을 법하지만, 와지마 지역에서는 여전히 간장과 마찬가지로 비닐로 만든 용기에 포장해 팔고 있다. 비와 호琵琶湖의 유명한 산물인 붕어회와 마찬가지로 그 특유한 풍미에 한번 젖어들면 잊지 못하는 맛으로 알려져 있다.

고기를 그대로, 또는 내장을 제거한
후 햇볕에 말리기만 하면 된다. 건어
물 제조는 조몬시대에도 성행하였다
고 생각되는데, 이를 고고학적으로
어떻게 증명할 수 있을까? 〈그림 23〉
에 제시된 사진은 도쿄 도 다마多摩
신도시 유적군의 하나에서 발견된 물
고기 척추뼈 압흔壓痕이 있는 조몬시
대 전기의 토기편이다.* 물고기뼈만

그림 23 어골 압흔이 있는 토기(조몬시대
전기, 도쿄 도 다마 신도시 유적군)

유적으로 운반된 것은 아닐 테고, 이 유적의 주민이 식료로 이용하기 위
해 몸통째 물고기를 들여와서 먹은 뒤 토기에 그 뼈를 꽉 눌러서 기념으
로 압흔을 남겼을 것이다.

　조몬시대 전기라면 지금으로부터 5,000~6,000년 전에 해당하는데,
당시 바다는 도쿄 만 깊숙이까지 들어와 있었다(I. 패총과 고고학 연구 참
조). 따라서 다마 신도시 유적에서 해안까지의 거리는 오늘날보다 상당
히 가까웠을 것으로 생각되나, 최소한 10km 이상은 떨어져 있었을 것
으로 보인다. 이는 상당히 먼 거리인데, 조몬인들은 물고기를 어떻게 운
반하였을까? 건어물이라면 별 문제가 없겠지만, 날것으로 운반하였다
면 부패할 우려가 있기에 꽤 급히 운반해야 했을 것이다.

　〈그림 24〉는 철도 개통 이전에 해안에서 잡은 생선을 운반해서 판매

　•
이 어골은 청어 아목亞目(정어리류)이라 추정되는데, 고미야 하지메小宮孟의 견해에 따르면
담수어인 붕어일 가능성도 있다.

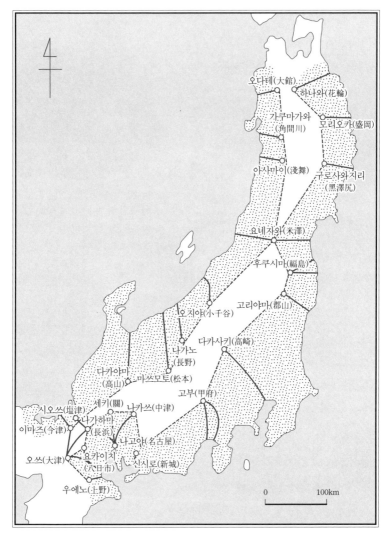

그림 24 생선 공급한계선(田中 1957에서 일부 변경) | 점선으로 둘러싸인 흰 부분은 생선을 운반하기 어려운 지역이다.

할 수 있었던 한계 지역을 표시한 것이다(田中 1957). 안쪽의 내륙부(흰색 부분)는 도저히 생선을 운반할 수 없는 지역이다. 일본 열도는 남북으로 길고 폭이 좁기 때문에 대부분 지역에 바다에서 나는 생선을 운반할 수 있지만, 중부 지방을 중심으로 생선이 운반되지 않는 한계, 즉 생선 공급한계선(어고선魚尻線)이 형성되었다.* 따라서 이들 생선 공급한계선 안쪽의 내륙 지역에는 건어물이나 소금절이로 물고기를 운반할 수밖에 없었다.

신슈信州에서 잉어 요리가 발달한 것은 바다에서 공급되지 못하는 생선을 대신해 잉어를 양식하였기 때문이다. 당시 생선 수송은 힘센 짐꾼이 철야로 운반하거나 소의 등에 실어 밤새도록 운반하였을 것이므로 〈그림 24〉에 나타난 한계선은 인력에 의한 수송의 한계선이라 할 수 있다. 따라서 조몬시대의 생선 공급한계선은 이보다 더 해안에 가까웠을 것으로 생각된다. 그러므로 이러한 생선 공급한계선보다 내륙에 있는 조몬시대 유적에서 바다에서 나는 어류의 뼈, 또는 뼈의 압흔이 있는 토기가 발견된다면 이는 건조나 염장으로 가공된 물고기가 운반된 것으로 볼 수 있다.

어고魚尻라는 말은 염고鹽尻라는 말에서 전용된 것이다. 염고란 에도시대에 소금 상권에서 가장 멀리 떨어져 있던 지역에 붙였던 명칭이다. 예를 들어 나가노 현 오카야 시岡谷市 근처에 있는 염고 고개는 기소지木曾路를 통해서 운반되는 '남염南鹽' 상권의 북단에 위치하는데, 그보다 북쪽에 있는 땅, 이를테면 마쓰모토松本 등의 도시는 동해를 경유해서 이토이가와糸魚川에서 남하하는 '북염北鹽' 상권에 속하였다.

3
참돔과 일본인

**참돔을 좋아하는
일본인** 일본인은 참돔을 유달리 좋아한다. 참돔이 경사慶事 음
식에 빠지지 않는 물고기가 된 것은 기록상으로는 헤이안시대 이후인
데, 그 훨씬 이전부터도 많이 사용되었던 것이 확실하다. 유명한 우미사
치海幸·야마사치山幸 신화에서 야마사치히코山幸彦의 낚시를 물었던
물고기가 바로 참돔이다.[7] 『고지키古事記』에는 이 신화에 등장하는 참돔
이 적해즉어赤海鯽魚라 씌어 있는데, 즉鯽은 붕어를, 해즉海鯽은 흑돔(감
성돔)을 나타내며, 여기에 적赤을 붙이면 참돔을 나타내는 것이다. 또한
『니혼쇼키日本書紀』에는 물고기 이름을 아카메赤女라고 기술하고, 아카
메는 도미鯛魚의 이름이라고 주석을 달아 놓았다.

참돔이라 따로 구별해 부르는 것은 도미에는 그 밖에도 여러 종류가
있기 때문이다. 흑돔도 있고, 일본의 고대문헌인 『혼조쇼쿠칸本朝食鑑』[8]
에는 하나오레돔, 고타키돔, 아마돔, 이토요리돔, 다카노하돔, 후에후키

돔 등 갖가지 도미의 명칭이 쓰여 있다. 오늘날에도 편평한 도미 모양의 물고기는 세부 명칭은 다르지만 모두 도미라 부르고 있다. 「엔기시키延喜式」[9] 등에 도미가 평어平魚라고 쓰여 있는 것도 이를 잘 보여준다. 그렇기 때문에 참돔이란, 이들과는 구별되는 도미 중의 도미라는 뜻이다.

그림 25 작살에 찔린 참돔의 **머리뼈**(시이즈카 패총, 조몬 시대 후기, 도쿄대학교)

조몬인들도 참돔을 좋아해서 곧잘 잡은 것으로 보인다. 조몬시대 패총에서 지역과 시기에 상관없이 가장 빈번하게 출토되는 물고기는 참돔, 흑돔, 농어 세 종이라 할 수 있다. 물론 전갱이, 고등어, 가다랑어, 다랑어, 뱀장어 등도 잡았지만, 그 어획량이 앞의 세 어종에는 미치지 못한다. 이 가운데 흑돔, 농어는 내만의 하구 근처에 서식하는데, 그 치어는 오늘날에도 비교적 간단히 낚을 수 있지만 참돔을 낚는 데는 얼마간 기술이 필요하다. 이는 참돔의 서식 지역이 흑돔이나 농어보다 깊은 곳에 위치하기 때문이다. 성어成魚인 참돔은 대략 수심 90m 안팎의 비교적 물살이 센 암초성 해저에 사는데, 봄이 되면 내만의 수심 30m 안팎의 장소로 이동하여 알을 낳는다. 부화한 치어는 어미 돔이 되기까지 얕은 곳에서 성장한다. 참돔 잡이를 이른 봄에 하는 것은 이 때문으로, 이 같은 봄의 산란 회유産卵回遊 때가 아니면 큰 참돔을 잡기 위해서는 상당히 깊은 바다로 나아가지 않으면 안 된다.

조몬인들은 우미사치히코와 마찬가지로 주로 낚시로 참돔을 잡은 것으로 보이지만, 낚시 이외의 방법도 이용하였다. 〈그림 25〉는 이바라키 현茨城縣 시이즈카椎塚 패총에서 발견된 참돔의 머리뼈 일부인데, 사슴 뼈로 만든 작살이 깊이 박혀 있다.* 이는 무척 희귀한 예인데, 이 참돔은 뼈의 크기로 보아 꽤 컸을 것이라 추정된다. 오늘날 참돔의 산지로서는 그다지 알려져 있지 않은 산리쿠 연안의 패총에서도 참돔뼈가 눈에 띄고 있어, 조몬시대에는 오늘날보다 일본의 근해에서 참돔을 잡기가 더 쉬웠을 것으로 생각된다.[10]

오늘날 참돔의 산지로는 세토나이카이瀬戸内海가 유명한데, 그중에서도 아카시明石 해협에서 잡히는 도미가 참돔의 대표 격이었다는 것은 야자키 준이치로谷崎潤一郎의 『사사메유키細雪』 속에 "도미는 아카시에 한정된다"라고 씌어 있는 것에서도 알 수 있다. 이는 세토나이카이가 참돔의 서식 조건에 매우 적합하기 때문이다. 이 점은 조몬시대에도 그다지 다르지 않았으리라 생각하지만, 조몬시대에는 세토나이카이 연안에 그다지 많은 패총이 형성되지 않은 탓에 동일본의 패총보다 자세히 알 수 없는 상황이다.

참돔 길이의 복원

패총에서 출토된 참돔의 뼈를 상세하게 조사하다 보면, 상당히 큰 뼈가 나온다. 참돔은 경골어硬骨魚의 대표라 할 정도로 뼈가 견고해서, 뼈가 파손되지 않고 완전한 형태로 패총에 보존되는 경우가 많

---
*이는 참돔의 머리 부분에 해당하는 상당히 강건한 뼈인 전두골前頭骨인데, 작살에 꽤 힘을 주어 찔렀을 것이라 짐작된다. 뼈의 크기로 보아, 몸길이 1m에 가까운 거대한 참돔이었던 것으로 추정된다. 시이즈카 패총은 가스미가우라 연안의 이나시키 군稲敷郡 에도사키 정江戸崎町에 있다.

다. 패총에서 출토한 어골을 동정하여 어떤 종류의 물고기인지를 밝힐 때, 가장 도움이 되는 부위는 턱뼈이다. 턱뼈는 물고기가 섭취하는 먹이에 따라 특수한 형태로 발달하기 때문에, 형태 차이를 보고서 종을 쉽게 판정할 수 있다.

참돔은 저서어로, 바다 밑의 새우, 게, 작은 조개 등을 즐겨 먹는 탓에 튼튼한 턱과 단단한 것을 씹어낼 수 있는 이빨이 있다. IV부 맨 앞에 제시한 '참돔의 전상악골과 치골' 그림은 참돔의 턱을 상하 좌우로 펼쳐 보인 것이다. 참돔이 바다 속을 헤엄쳐 다니는 모습을 상상해보는 것은 즐거운 일인데, 어골을 가지고 그 크기를 복원할 수 있다면 조몬시대 어로 활동의 내용과 당시 참돔 잡이의 실제 모습을 현실감 있게 그려낼 수 있을 것이다. 이 점에 착안하여 훌륭한 성과를 거둔 사람이 아카자와 다케시赤澤威이다(赤澤 1969). 아카자와 필자는 학생 시절부터 패총 발굴에 함께 동참해온 동료인데, 참돔의 뼈를 이용해 몸길이를 복원하는 연구를 한층 진전시키자는 데 뜻을 같이했다.

뼈를 이용해 몸길이를 복원한다고 하면 어쩐지 신뢰가 가지 않을 수도 있겠지만, 이는 오늘날에도 곧잘 응용되는 방법에 기초한 것이다. 예를 들어 백화점의 신사복 코너에 가서 윗옷 한 벌을 산다고 해보자. 매장에 진열된 옷에는 A, AB, B, YA 등의 기호와 함께 A5-170cm라 적힌 라벨이 부착되어 있다. 여기서 A는 표준 체형을 가리키고, A5는 키 170cm 정도의 사람이 입을 크기로, 5cm 간격으로 되어 있는 것이란 뜻이다. 키 170cm의 사람이 입으면 대부분 딱 맞는다. 이는 키 170cm에 표준 체형인 사람이라면, 어깨너비, 가슴둘레, 소매길이 등이 거의 일정하기 때문이다.

인간뿐만 아니라 그 밖의 생물 역시 전체 크기(키, 몸무게 등)와 특정 부분의 크기(어깨 너비, 팔 길이 등) 사이에는 상관관계가 성립한다. 전체 크기가 커지면 특정 부분 또한 그에 따라 커진다는 말인데, 이를 상대성장相對成長이라 한다. 이를 기초로 기성복은 전체 크기를 먼저 파악하고 각 부위의 크기를 고려해 만든다. 그러나 참돔의 몸길이를 복원할 때는 이와 반대로 생각하면 된다. 다시 말해, 뼈가 작으면 참돔도 작고, 뼈가 크면 참돔도 크다는 것이다. 따라서 어느 정도의 뼈 크기가 어느 정도 크기의 참돔 뼈에 상당하는지를 알면, 뼈를 통해 몸길이를 복원할 수 있다.

참돔 길이를 복원하는 방법

참돔의 뼈를 이용해 몸길이를 복원하기 위해서는 다음과 같은 방법이 사용된다.

① 참돔의 어느 부위 뼈를 몸길이와 관련지을지 결정한다. 이때 많은 양이 발견되고, 참돔의 뼈임을 확실하게 동정할 수 있는 특징을 지니고 있는 부위를 선택하는 것이 중요하다. 턱뼈, 더 정확하게 말하면 전상악골과 치골이 이러한 조건에 잘 부합한다.

② 현생 참돔을 크기별로 50마리 정도씩 구입한다. 필자는 도카이 구東海區 수산연구소 아베 무네아키阿部宗明 선생의 도움으로 우오가시魚河岸에서 선별한 참돔을 이용하였다.

우선 참돔의 몸길이, 몸무게 등을 측정하고 나서, 살을 제거하여 골격 표본을 만든다. 그리고 가로축에 턱뼈의 길이(전상악골 길이 등), 세로축에 몸길이를 표시한 그래프 위에 현생 참돔 한 마리 한 마리의 계측치를 표시해나간다. 이렇게 완성한 그래프 위의 점을 가지고 참돔 턱뼈 길이에 대한

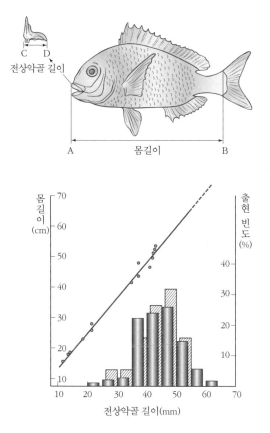

그림 26 참돔 전상악골 길이를 이용한 몸길이 복원(赤澤 1969에서 일부 변경)

몸길이의 회귀계수回歸係數를 구한다.

③ 〈그림 26〉의 그래프같이 현생 참돔의 몸길이와 턱뼈 길이의 상관관계를
나타내는 직선식을 구한다. 이 회귀식의 한 변수인 턱뼈 값에 패총에서 출
토한 참돔의 턱뼈 계측값을 넣으면, 참돔 몸길이의 복원값을 얻을 수 있다.[*]

—●
[*] 이 경우에는 직선 회귀로 간주되었다.

두 패총의
참돔 길이 비교

　　　　　　　이 같은 방법으로 복원한 조몬시대 참돔의
몸길이를 제시한 것이 〈그림 27〉이다(鈴木 외 1980). 미야노宮野 패총은
이와테 현 오후나토 시의 교외에 있는 조몬시대 후기의 패총이며, 쇼묘
지稱名寺 패총은 가나자와 문고金澤文庫로 유명한 요코하마 시 가나자와
하케이의 쇼묘지 문 앞에 산재하는 조몬시대 후기의 패총군이다. 미야
노 패총에서는 102마리, 쇼묘지 패총에서는 64마리의 참돔 몸길이가
복원되었는데, 〈그림 27〉의 그래프를 보면 미야노 패총의 참돔 길이가
더 크다는 사실을 쉽게 알 수 있다. 더욱 흥미로운 점은 미야노 패총에
는 몸길이 30cm 이하의 작은 참돔이 전혀 없는 반면, 쇼묘지 패총에서

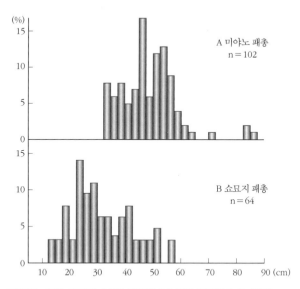

그림 27 미야노 패총과 쇼묘지 패총의 참돔 길이 비교(鈴木 외 1980)

는 그 정도 크기의 참돔이 중심을 이루고 있다는 것이다.[11]

이 두 패총에는 거의 동일한 발굴 방법과 자료 채집 방법이 적용되었다. 발굴한 패층을 현장에서 체질해 미세한 물고기뼈를 채집하였으며, 패층 일부를 연구실로 가지고 돌아와 더욱 촘촘한 체로 물체질하여 뼈를 찾아내는 등 동일한 작업을 실시하였다. 따라서 두 패총의 참돔 몸길이 구성이 다르게 나타나는 것은 표본시료 추출 방법의 차이에서 나타나는 통계적 편중이 아니라, 원래 두 패총에서 이용된 참돔의 크기가 달랐다는 사실을 반영하는 것이라 볼 수 있다.

그렇다면 두 패총의 참돔 몸길이 구성이 차이를 보이는 것은 무엇을 의미하는가? 여기서 주목해야 하는 것은 참돔 크기 30cm이다. 참돔이 생식 능력을 가지는 성어가 되는 시기는 바로 몸길이가 30cm 정도 되었을 때이다. 따라서 일반적으로 길이 30cm 이하의 참돔은 미성어, 30cm 이상은 성어로 구별한다. 그렇다면 미야노 패총에서 출토되는 참돔은 거의 성어인 셈이다. 이에 비해 쇼묘지 패총의 참돔은 미성어와 성어가 거의 반반으로 이루어져 있다. 이런 정보를 가지고 당시 도쿄 만과 산리쿠 연안에서 이루어진 조몬인들의 어로 활동을 어떻게 복원할 수 있을까? 여러 가지 해석이 가능하겠고 더 상세한 연구를 진행해야 확실히 알 수 있겠지만, 현재로서는 다음과 같은 설명이 가장 타당하다.

미야노 패총의 참돔은 모두 성어이기 때문에, 미야노 패총인들은 성어인 참돔만을 잡았던지 아니면 성어가 있는 곳을 어장으로 이용했다고 추정된다. 그들이 성어만을 골라서 고기잡이를 하였다면, 미야노 패총인들의 어로 기술은 꽤 발달해 있었을 것이다. 그러나 성어와 미성어가 공존하는 곳, 다시 말해 산란 회유하는 장소를 다른 집단에게 점거당해,

할 수 없이 성어만 있는 곳에서 고기잡이를 했을 때에도 마찬가지 결과
가 나타난다는 점을 염두에 두어야 한다.

쇼묘지 패총에서 성어와 미성어가 반반씩 나타나는 것은, 쇼묘지 패
총인들이 두 종류의 참돔을 모두 포획할 수 있는 해역을 어장으로 삼았
다는 것을 의미한다. 도쿄 만 어귀에 서식하는 어미 돔은 봄에 산란 회
유를 시작하여 내만으로 이동하여, 가나자와 하케이 가운데 수심 30m
가량인 곳에서 알을 낳는다. 쇼묘지 패총인들이 이곳을 노려 참돔 잡이
를 하였다면, 자연스럽게 〈그림 27〉의 그래프 같은 참돔 몸길이 구성이
나타나게 될 것이다.

이처럼 패총에서 출토하는 참돔의 뼈를 분석하고 몸길이를 복원함으
로써, 조몬시대 지역별 참돔 잡이의 실태를 알 수 있게 되었다. 앞으로
이러한 방법을 더 많은 패총과 다른 어종에도 적용하여, 더욱 탄탄한 기
초 자료에 입각하여 조몬시대 어로 양상을 복원할 수 있게 되기를 기대
해본다.*

최근 조사된 이와테 현 네이根井 패총에서는 전상악골 길이가 41.2~57.2mm에 이르는 대형
참돔만 포획되었음이 밝혀졌다(岩手縣立博物館 1987). 네이 패총은 구지 시久慈市의 남쪽에
있는 노다 만野田灣에 면한 조몬시대 후기~만기의 패총이다.

문화유산으로서의 패총

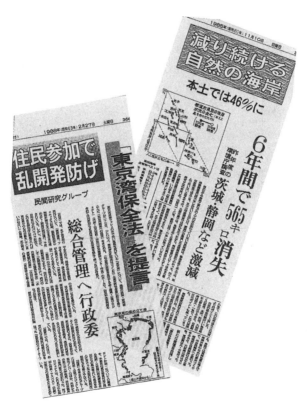

도쿄 만 매립 계획과 해안선의 소멸 | 도쿄 만 재개발 계획은 도쿄 만의 자연을 다시금 파괴로 내모는 것인가?

1
인류의 자산, 풍요로운 바다

패총에 남겨진
선사시대의 바다

지금으로부터 수천 년 전의 선사시대 사람들이 패총이라는 유적을 남길 수 있었던 것은 당시 사람들에게 풍족한 식료를 공급해주던 풍요로운 바다가 있었기 때문이다. 이러한 사실은 일본에서 패총이 가장 밀집 분포하는 도쿄 만 지역과 북미의 샌프란시스코 만 일대 등을 보면 분명히 알 수 있다. 도쿄 만이나 샌프란시스코 만 지역은 오늘날에는 수산 자원의 산지로서 보잘것없는 곳이다. 그러나 메이지시대 이전의 도쿄 만(당시에는 에도 만이라 불렸을 것이다)과 유럽인이 거주하기 이전의 샌프란시스코 만은 해양 자원이 매우 풍족하여, 당시 거주민들은 이러한 풍요로운 바다의 혜택을 누리며 살아가고 있었다.

태평양을 사이에 두고 아득히 멀리 마주해 있는 도쿄 만과 샌프란시스코 만에는 몇 가지 공통된 특징이 있다. 우선 그 형상이 유사하다. 두

곳 모두 만 입구는 좁고 안으로 들어가면서 넓어지는, 이른바 품이 깊은 만 형태이다. 또한 만의 내부에 드넓은 갯벌이 형성되어 있는 점도 비슷하다. 다마카와 강多摩川, 아라카와 강荒川, 에도가와 강江戶川 등(조몬시대에는 도네가와 강利根川도 포함된다) 간토 평야의 주요 하천이 흘러드는 도쿄 만과 산 호아킨 강San Joaquin River, 새크라멘토 강Sacramento River 등 해안 산맥과 시에라네바다 산맥Sierra Nevada Mountain에서 시작하는 하천이 모이는 샌프란시스코 만은 모두 하천이 운반한 대량의 토사가 형성한 드넓고 얕은 갯벌을 지니고 있다. 이러한 갯벌은 패류가 서식하는 데 매우 적합한 장소이자, 플랑크톤을 비롯한 수서동물水棲動物이 활발히 생육할 수 있는 곳이기도 하다.

도쿄 만이 아직 풍족한 자원을 산출하고 있던 1900년대 초의 보고에 따르면, 어류 61종, 패류 14종, 두족류(오징어·문어류) 10종, 갑각류 11종, 해조류 6종, 그 밖에 성게, 해삼 등 100종 이상에 이르는 다양한 수산자원이 서식하고 있었다. 이러한 자원의 다양성은 오늘날 세토나이카이瀨戶內海의 양상과 큰 차이가 없다(松川 1987). 이처럼 바다가 제공하는 풍요로움은 역사를 거슬러 올라갈수록 분명하다.

도쿄 만 주변에 수없이 많은 조몬시대의 패총이 존재한다는 사실로부터, 당시 풍부한 수산 자원을 획득하였음을 알 수 있다. 더구나 이 시대의 도쿄 만은, 앞서 I부 2장 「패총 연구와 일본 고고학의 성장」에서 이미 언급하였듯이 조몬시대 중기 무렵에는 사이타마 현埼玉縣 북부 지역에까지 깊숙이 들어와 강어귀가 형성되어 있었다. 또 가스미가우라霞ヶ浦도 조시銚子부터 가시마鹿島 사이를 만 어귀로 하는 드넓은 내만을 형성하고 있어, 보소 반도房總半島의 대부분은 이 두 만(고도쿄 만古東京灣과

고기누 만古鬼怒灣)에 둘러싸인 섬 모양을 하고 있었다. 이 같은 상황에서, 조몬시대 간토 지방에서 바다는 오늘날보다 훨씬 친근한 존재였음에 틀림없다. 이런 사정은 약 400 군데에 패총이 존재하였던 샌프란시스코 만 연안의 선사 북미 원주민 사회에서도 거의 마찬가지였을 것이다.

풍요로웠던 도쿄 만의 자연

선사시대 이래 인류가 생존하는 데 중요한 역할을 담당하였던 바다의 풍요로움은 기본적으로 무엇에 의해 지탱되고 있었을까? 이에 관해 도쿄 만 매립의 역사를 좇아가며 자연환경이 어떻게 파괴되었나를 밝힌 마쓰카와 야스오松川康夫의 연구(1987)를 살펴봄으로써 알아보고자 한다.

마쓰카와에 따르면 도쿄 만은 '스州(모래펄)', '히라바平場(평지)', '이소磯(자갈밭)'라는 세 종류의 해역으로 형성되어 있는데, 만 가운데 생물이 서식하는 데 가장 중요한 역할을 하였던 곳은 '스'이다. 다이쇼시대 이후 본격적으로 매립 공사가 시행되어 '스'가 파괴되면서, 도쿄 만은 결정적으로 황폐해졌다. '스'라 불리는 해역은 도쿄 만의 안쪽, 다시 말해 지바 현千葉縣의 훗쓰사키富津崎, 요코하마 시橫浜市의 혼모쿠하나本牧鼻 이북에 펼쳐진 수심 5m 이하의 모래펄로 된 저면底面을 가리킨다. '히라바'란 도쿄 만의 중앙부에 펼쳐진 수심 10~30m의 평탄하고 깊은 해저를 말하고, '이소'는 이른바 암초성 해안이 발달한 도쿄 만 어귀에 존재한다. 이러한 해역별 분포와 조몬시대 패총 분포를 겹쳐보면, 조몬시대의 대다수 패총은 '스'가 발달한 지역에 존재한다는 사실을 알수 있다.

이 세 가지 해역 가운데 가장 중요한 역할을 한 것은 '스'였다. 도쿄 만에 서식하는 수산 생물은 첫째 '스'에서 나서 '스'에서 자라는 생물, 둘째 '스'에서 자라서 내만이나 만 밖에서 생활하는 생물, 셋째 만 밖에서 나서 '스'에서 성숙기를 보내고 다시 만 밖의 생활로 돌아가는 생물, 넷째 만 밖에서 나서 자라다가 일시적으로 만 안으로 회유回遊하는 생물의 네 가지 유형으로 나눌 수 있다. 이 가운데 첫째부터 셋째까지의 생물은 어떤 형태로든 '스'를 중요한 서식처로 삼았다.

도쿄 만에서 이루어진 어업의 주 대상은 '스'나 '히라바'에 서식하는 생물이었는데, 이들 대다수에게 '스'는 산란과 생육을 위한 중요한 터전이었다. '스'에서는 바지락, 백합, 새꼬막 등의 패류, 까나리 등의 어류가 잡히고, 나아가 김(해태海苔) 양식도 이루어진다. 또한 '스'와 '히라바' 사이를 왕복하며 자라는 젓새우(차하車蝦), 보리새우(지하芝蝦), 갯가재, 망둥이, 납자루, 쥐노래미, 감성돔, 흰보리멸, 청보리멸 등과 '스'와 도쿄 만 밖의 해역 사이를 왕복하며 자라는 농어, 공미리, 전어, 숭어, 붕장어, 뱀장어, 갑오징어 등은 에도시대부터 '시바자카나芝魚'라 부르던 도쿄 만 수산의 중심을 이룬 것들이다.

도쿄 만 매립과 그 영향

도쿄 만 안에서 자라는 수산 생물이 서식하기 위한 무척 중요한 장소인 '스'의 매립은 일찍이 에도시대부터 도시

도쿄 만 안쪽에서 잡히는 이른바 에도시대 이전 어류의 총칭이다. 이하라 사이카쿠井原西鶴의 작품 등에 푼돈 깨나 모은 상인들이 사치를 하려 할 때에 "시바자카나의 맛이나 느껴보세"라 씌어 있는 것에서 알 수 있듯이 시바자카나는 이른바 '싱싱한' 식료를 대표하는 것이었다.

계획의 일환으로 시작되었지만, 결정적으로 다이쇼시대 이후 본격화된 공업화에 따라 대규모 매립이 이루어졌다. 이는 필자의 유년시절 경험 속에도 새겨져 있다.

필자는 도쿄 도 시나가와品川에서 태어났는데, 정확히 말하면 시나가와의 슈쿠宿보다 약간 도카이 도東海道 쪽으로 내려와 오늘날 게이힌京浜 급행 아오모노요코초青物横丁 역 가까운 곳이다. 생가의 마당 안에 꽤 높은 돌계단이 있었는데, 십수 단의 돌계단을 내려가면 아래 마당과 통하였다. 이처럼 돌계단으로 마당을 높고 낮은 두 부분으로 나눈 이유는 아래 마당이 예전에 해안지대로서 모래톱과 바다가 있던 곳이었기 때문이었다.

생가 앞에 펼쳐져 있던 시나가와의 바다 풍경에 대해서는 나이 많은 어른들로부터 간혹 듣곤 하였지만, 군수물자를 생산하기 위해 시끄럽게 돌아가는 기계로 가득한 공장들을 눈앞에 두고 바다를 상상하기란 쉽지 않았다. 다만, 제2차 세계대전이 치열해져서 마당 한 모퉁이에 공습을 피하기 위한 방공호를 팠을 때의 일만은 확실히 기억에 남는다. 소이탄燒夷彈을 피하기 위해서는 집채에서 떨어진 장소가 좋다 하여 일찍이 바다였던 돌계단의 아랫부분에 호를 팠는데, 파자마자 물이 솟구쳐서 아무래도 쓸 수가 없었다. 그때 호 속에서 희끗희끗 반짝이던 패각이 지금도 눈앞에 삼삼하다.

도쿄 만 매립은 제2차 세계대전 후에 한층 규모가 확대되었다. 전쟁 전 매립 면적의 5배 이상이 전쟁 후에 매립되었는데, 이에 따라 〈그림 28〉에서 볼 수 있는 것과 같이 도쿄 만 내의 '스' 대부분이 소멸되었다. 그 결과 '스'를 생활 터전으로 삼아 서식하던 생물의 대다수는 결정적

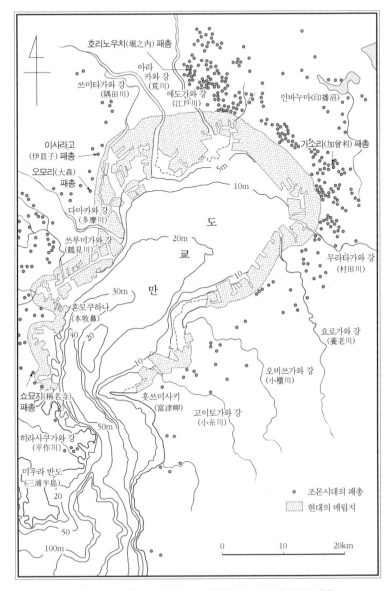

그림 28 도쿄 만 연안의 패총 분포와 매립지(松川 1987에서 일부 변경)

인 타격을 받았다. 나아가 더 깊은 '히라바' 지역의 생물의 생존과도 관련한 중대한 문제가 일어났는데, 즉 수질 악화가 발생하였다.

'스'는 생물의 생존을 위한 장소일 뿐만 아니라, 바닷물 속으로 흘러드는 갖가지 유기물질을 분해하는 중요한 역할도 한다. 도시화로 인한 인구 집중으로 하천을 통해 흘러드는 유기물의 양이 증가하여, 자연의 정화 기능을 넘어설 때부터 수질오염 문제는 발생한다. 정화 기능에서 중요한 역할을 담당하는 것이 '스'에 서식하는 미생물, 즉 저서 생물인데, 마쓰카와는 지타 만知多灣 갯벌에서 갯벌이 지닌 수질 정화 능력을 측정하고 그 결과를 도쿄 만의 '스' 전체에 적용해본 결과, 도쿄 만의 수질 정화 능력이 거의 오늘날 도쿄 만 주변의 하수처리장 능력에 필적한 것임을 밝혀냈다.[•]

이로써 1970년 무렵 도쿄 만의 수질이 급속히 악화된 것은, 제2차 세계대전 후 대규모 매립 공사를 진행하여 '스'가 소멸된 것과 깊은 관련이 있음을 알 수 있게 되었다. 이 같은 연구성과에 덧붙여, 마쓰카와는 $200km^2$에 이르는 도쿄 만을 매립하고 나아가 도쿄 만 전역을 매립하려는 제4차 전국종합계획을 비롯한 도쿄 만 일대의 재개발 계획에 강한 의문을 던지고 있다. 사람들의 생계를 책임질 수 있을 정도로 풍요로웠던 도쿄 만의 바다는 패총에 남겨진 패류와 어골 같은 고고학 유물의 존재에도 불구하고 이미 잊히고 있는 것일까?

더욱 주목할 점은, 처리장에서는 단순히 유기물을 영양염류榮養鹽類로 변환하는 2차 처리에 그치는 데 반해, 갯벌에서는 영양 물질의 유실을 막는 이른바 3차 처리까지도 진행할 수 있다는 것이다. 갯벌이 만 내부의 생물이 자라는 데 지극히 중요한 역할을 하고 있음을 이 점을 통해서도 알 수 있다.

2

에필로그 : 바다와 인간의 관계

샌프란시스코 만, 1985년

1985년 8월, 필자 일행은 샌프란시스코 만 연안을 방문하였다. 버클리 대학교University of California-Berkeley에 유학하고 있던 인류학자 조우팡위안諏訪元 씨 부부의 안내를 받아 샌프란시스코 만 연안의 패총을 돌아볼 기회를 갖게 되었다. 앞에서 몇 차례 소개하였듯이 1900년대 초 넬슨N. C. Nelson과 기포드E. W. Gifford가 시작한 샌프란시스코 만 연안의 패총 연구는 이후 쿡S. F. Cook을 비롯한 연구자들로 이어졌고, 필자도 그 연구성과를 참고하여 패총 연구 시야를 넓혀왔다. 그런 의미에서 샌프란시스코 일대의 패총을 한 번은 방문해보고 싶은 마음이 있었다. 또한 도쿄 만과 마찬가지로 샌프란시스코 만 일대는 시가지, 공장, 주택 등이 발달함에 따라 해안 지역이 개발되면서 400개에 가까운 패총의 대다수가 사라지고 말았는데, 그 실상을 자세히 관찰하고 도쿄 만 주변 지역과 비교해보고 싶은 생각도 있었다.

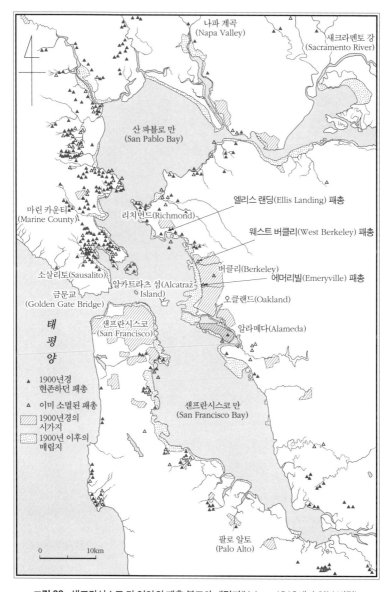

그림 29 샌프란시스코 만 연안의 패총 분포와 매립지(Nelson 1910에서 일부 변경)

〈그림 29〉는 샌프란시스코 만 연안의 패총 분포를 가장 잘 나타낸 1900년대 초의 지도이다. 이 지도를 보면 샌프란시스코 시가지의 규모가 아직 작고, 해안선 부근에 수많은 패총이 존재하였음을 알 수 있다. 지도 가운데 점으로 표시된 부분은 1900년 이후 매립된 지역으로서 1980년대 샌프란시스코 만의 해안선을 알 수 있다. 많은 지역에서 해안선이 매립되었음을 볼 수 있다. 패총은 샌프란시스코 시 북쪽에 위치한 마린 카운티Marine County, 샌프란시스코 만 남부 연안, 군항軍港인 알라메다Alameda부터 오클랜드Oakland, 버클리Berkeley, 리치먼드Richmond에 이르는 연안, 그리고 새크라멘토 강Sacramento River이 흘러드는 산 파블로 만San Pablo Bay 일대에 걸쳐 약 400개 정도가 존재하고 있었다. 이 가운데 필자가 특히 찾아가고자 한 패총은 버클리 부근의 에머리빌 Emeryville 패총과 웨스트 버클리West Berkeley 패총, 그리고 리치먼드 남쪽에 있는 엘리스 랜딩Ellis Landing 패총 셋이었다. 이들 세 패총은 1900년대 초에 넬슨이 조사하여 주목할 만한 성과가 알려져 있었기 때문이다.

패총 조사 기록

패총을 현지 답사하기 전에 그동안 샌프란시스코 만 연안의 패총이 어떻게 조사되어왔는지를 알아보기 위해 버클리 대학교에 있는 로위 박물관Lowie Museum을 찾았다. 이 박물관은 마지막 아메리카 원주민의 잔족殘族이라 일컬어지던 이시Ishi의 유품과 생활 기록을 모아 놓은 곳으로도 유명하다. 조우팡 씨의 배려로 자유로이 자료를 찾아볼 수 있었다. 1910년 넬슨이 붙인 각 패총의 등록번호를 그대로 사용하여 출토 자료의 목록을 수록하여 두었고, 별도로 패총을 조사할 당시의 기록, 일지, 사진 등을 모은 자료철을 보관하고 있었다.

그러나 이 정도만으로 패총 조사 기록이 충분하다고 할 수 없다. 예를 들어 버클리 대학교 정 서쪽에 있는 웨스트 버클리 패총에 관한 자료철에는 1904년 조사에 관한 수필手筆 초고와 타자打字 원고, 1950년에 시행한 이 패총에 대한 마지막 발굴이었을 긴급 조사 때의 사진 등이 보관되어 있었다. 1950년에 시행한 발굴은 대규모 창고 같은 건물을 패총 지역에 건축하게 되어 조사를 실행한 것이었는데, 노출된 패층과 매장된 인골 등에 대한 사진은 있지만 발굴 시 당연히 작성하는 패층 단면도나 유구 실측도 등은 전혀 없었다. 이는 발굴 조사가 꽤 어수선하고 체계적이지 않은 상황에서 이루어졌음을 시사한다. 그나마도 가장 충실한 자료철이 이 정도였고, 에머리빌, 앨리스 랜딩 등 학사에 이름을 남긴 패총에 관한 자료는 극히 빈약한 상태였다. 샌프란시스코 만 연안의 패총 조사가 한창이던 1900년대 초에 비해 격세지감을 금할 수 없었다.

패총군 현황

패총군 현황은 조사 기록들의 내용과 수준이 암시하듯이 참담하였다. 처음 찾아간 에머리빌 패총은 인근에 쉘마운드 가Shellmound Avenue라는 지명이 있는 것을 보고 기대를 했으나, 커다란 페인트 공장 부지로 변해 그 흔적조차 찾아 볼 수 없었다. 〈그림 30〉의 1은 콘크리트 호안이 늘어서 있는 에머리빌 패총이 있던 자리를 멀리서 촬영한 모습이며, 2는 패총 자리에 건설된 페인트 공장의 모습이다.

에머리빌 패총의 북쪽이자, 버클리 대학교 정 서쪽 해안가에는 웨스

그림 30 샌프란시스코 만 연안의 패총 현황 | 1. 에머리빌 패총을 멀리서 바라본 모습 2. 에머리빌 패총이 있던 자리에 들어선 페인트 공장 3. 웨스트 버클리 패총이 있던 자리 4. 엘리스 랜딩 패총의 흔적(오른쪽 덤불이 있는 곳의 수로)

트 버클리 패총이 있다. 자료철 기록을 토대로 간신히 패총이 있던 위치가 서던 퍼시픽Southern Pacific 철도의 선로 바로 옆인 4번가 부근임을 알 수 있었다. 그곳에는 〈그림 30〉의 3처럼 대형 가구 및 건축용 자재점이 들어서 있었다. 상점 부지 안과 철도 선로 주위를 조사해보았으나, 예전에 패총이 있었음을 알려줄 만한 증거는 전혀 찾을 수 없었다. 철로를 놓고, 상점을 건축하면서 패총을 자취도 없이 파괴하고 만 것이다. 이제는 고고학자들이 예전의 기록을 주의 깊게 살펴보지 않는 한, 그곳에 패총이 있었다는 사실을 전혀 눈치 챌 수 없을 지경이 되어버렸다.

마지막 목적지인 엘리스 랜딩 패총을 향하면서, 과연 패총의 흔적을 찾아낼 수 있을지 의문스러웠다. 엘리스 랜딩 패총이야말로 체계적으로 패층 체적을 계산한 첫 번째 예이자, 필자가 패총 연구를 해오면서 본보기로 삼은 패총이기에 어떻게든 이 패총만은 남아 있기를 바랐다. 하지만 막상 패총 자리를 찾아가니, 패총이 있었던 자리 한쪽에 넓은 컨테이너 하치장이 들어서 있어 패총의 흔적을 찾아내기는 어려울 것 같았다. 그래도 무언가 단서가 남아 있지 않을까 하여, 각자 흩어져 지표면을 살펴보았다. 패총을 찾는 데는 지표면에 남아 있는 패각을 발견하는 게 제일이기 때문이다.

얼마 지나지 않아 도로의 외진 곳에 있던 조우팡 씨가 얼마 되지는 않지만 조개가 흩어져 있는 곳을 발견하였다. 급히 달려가 지표면을 자세히 살펴보았다. 패각을 주워 쪼개 보니, 연하게 석회화(일종의 풍화)된 것이 패총의 패각이 틀림없었다. 그러나 일본의 패총에서 볼 수 있는 것처럼, 지표면에 눈이 내린 듯 패각이 흩어진 상태는 아니었다. 그 주위를 둘러보다, 도로 곁에 파 놓은 수로의 사면에 점점이 희끗희끗한 패각이 흩어져 있는 것을 발견하였다. 수로와 도로 사이에 철책이 쳐 있어 가까이 접근하여 자세히 관찰하지는 못하였지만, 수로를 만들 때 파괴된 패총의 일부임에 틀림없었다. 마침내 샌프란시스코 지역의 패총을 발견한 것이다(〈그림 30〉의 4).

바로 이곳에서 지금으로부터 반세기 전에 넬슨이 패총의 규모를 측정하였구나 하는 생각에 잠겨 주위를 둘러보았다. 넬슨이 창시한 패층 분석법은 그 후 몇몇 사람들에게 이어져 계량화되면서 필자의 패총 연구로도 연결되었다. 그 과정에서 선사시대의 생계 기반을 연구하는 데 패총이 얼마나 중요한 역할을 하는지가 차츰 명확해진 것이다. 그런데 이를 기념할 만한 엘리스 랜딩 패총이 컨테이너 하치장의 수로 사면에 흩어져 있는 패각편 몇 점을 통해 간신히 확인할 수 있는 처지가 되어버린 것이다. 어쨌든 패총의 위치를 확인할 수 있었던 것은 행운이었다. 패총이 위치한 지역은 대부분 주택 구역에서 멀리 떨어져 치안이 미치지 못하는 곳이었다. 현지에서 친절히 안내해준 조우팡 씨가 없었다면, 여행자 혼자 쉽게 찾아가기는 힘들었을 것이다.

패총의
파괴와 보호
샌프란시스코 만 일대의 패총을 둘러보고 난 뒤 느낀 점은 시가지화, 공업화가 진행되면서 해안선이 파괴되고, 그 결과 수많은 패총이 충분한 기록을 남기지 못한 채 사라져버렸다는 것이다. 이는 도쿄 만의 경우도 마찬가지인데, 모스가 오모리 패총을 조사하게 된 것도 도쿄~요코하마 철도 부설 공사에 따라 패층이 노출되었기 때문이었다. 반면에 분쿄 구文京區에 있는 혼고本鄕 야요이초彌生町 패총과 같이 야요이시대, 야요이 토기라는 명칭이 유래된 중요한 유적임에도, 오랫동안 정확한 소재지를 찾지 못하고 있는 패총도 있다(東京大學文學部 1979).*

이처럼 도시화, 공업화에 따라 사라지는 패총을 어떻게 보존할 수 있을까? 일본에서는 파괴되기에 앞서 발굴 조사를 하고 그 기록을 남김으

---
*

1975년에 도쿄대학교 공학부 내 야요이 2 초메丁目의 건축 공사 시 발견되어 발굴 조사된 패총에서 메이지시대에 발견된 야요이 토기와 동일한 형식이 출토되었는데, 이것이 혼고 야요이초 패총으로 추정되고 있다. 그러나 인근의 사토 하치로佐藤ハチロ一 씨의 옛집 안에 있는 패총이 야요이초 패총이란 의견도 있는 등 아직 의견이 통일되지 않고 있다.

로써 보존을 대신한다는 이른바 '기록 보전'
이 대책의 일환으로 떠오르고 있다. 이는 어
떠한 기록도 남기지 못한 채 사라지고 만 샌프
란시스코 만 일대의 패총에 비하면 극진한 대
접이라 할 수 있다. 그러나 이것으로 과연 충
분한 것일까?

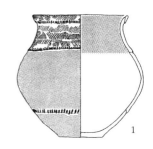

비록 어느 시점에 충분한 조사를 하였다 해
도, 조사 방법과 연구 수준은 해를 거듭하며
발전한다. 지금 가장 훌륭한 조사를 하였다
해도 5년, 10년 뒤에는 더욱 새로운 방법이 개
발되고 새로운 의견이 등장할 것이다. 이는
연구의 당연한 동향일진대, 새로운 방법과 새
로운 견해가 제시되어 과거의 연구를 재검토
하려 할 때 패총 자체가 사라져버렸다면 어찌

그림 31 도쿄대학교 공학부 내 패
총 출토 야요이 토기(1의 회색 부분
은 주칠朱漆된 부분이다.)

해볼 방법이 없는 것이다. 이런 이유로 패총뿐만 아니라, 고고학 유적은
보존되어야만 한다. 유적을 한 시대의 특정한 목적을 위해 이용하고 파
괴해버리는 것은, 장래 계속될 연구 가능성을 봉쇄해버리는 일이 될 수
있다. 앞서 서술하였듯이 패총에는 다종다양한 유물이 존재한다. 이들
을 활용함으로써 과거 사람들의 다양한 활동과 생활을 복원할 수 있다.
앞으로 더욱 발전하게 될 고고학 연구 기법과 과학 기술을 적용하여, 과
거에 대한 우리의 지식을 더욱더 증가시키기 위해 패총 유적은 반드시
보존되어야 한다.

미래를 위한
유산

　　　　　패총을 보존해야 하는 것은 학술적인 가치 때문만은 아니다. 무엇보다도 패총은 인류가 바다라는 자연환경을 적극적으로 상대하며 첫걸음을 내디뎠음을 보여주는 기념물이기 때문이다. 100만 년 이상에 이르는 인류 역사를 살펴보면, 인간은 숲 속에 사는 생물로 출발하였다. 그리고 숲 속에서 초원으로 나아가는 과정에서 조금씩 문화적·기술적 능력을 축적하면서 세계 각지를 향해 나아가게 되었다. 이와 같은 초기 인류에게 바다는 이동을 가로막는 지리적 장벽이었다. 바다를 건너 인류가 이동할 수 있게 된 것은 배를 만들고 난 훨씬 뒤의 일이고, 바다 자체를 자신들의 생활을 지탱하는 생산의 장으로 활용할 수 있게 된 것은 패총이 출현하는 시점인 지금으로부터 약 1만 년 전부터이다. 이후 인류는 풍족한 바다 자원을 토대로 생활을 한층 더 안정시키는 데 성공하였다. 패총에 남아 있는 어골, 패각 등의 풍부한 수산자원은 그동안 인류가 바다로부터 얼마나 많은 혜택을 입었는지를 구체적으로 보여주는 증거이다.

　　그러나 인류는 바다로부터 얻은 혜택을 잊고, 도쿄 만의 예에서 나타났듯이 오염된 물을 흘려보내고 해안을 메우며 바다를 파괴해왔다. 오늘날 일본 해안선 가운데 인공의 손길이 닿지 않은 자연 해안은 46%밖에 되지 않는데, 도쿄·오사카 등지의 해안선은 85% 이상이 콘크리트 절벽 등으로 만든 인공 해안으로 이루어져 있다.* 이러한 인공 해안의

---•

1984년 환경청 조사에 따르면, 일본에서 인공 해안 점유율이 높은 지역은 다음과 같다.
　도쿄(95.8%), 오사카(86.8%), 히로시마(86.3%), 아이치(72.5%), 구마모토(71.3%).

일부는 재난 방지를 위해 설계되기도 하였으나, 대부분 바다와 육지가 맞닿은 조간대 및 간석지였던 지역이다. 풍요로운 바다 자원을 재생산하는 더없이 중요한 지점에 콘크리트 장벽을 세움으로써, 바다라는 자연을 파괴할 뿐만 아니라 인류와 바다를 맺어주었던 연결고리를 끊고 있는 것이다.

이런 관점에서 볼 때, 연안 지역의 도시화·공업화에 따라 패총이 파괴되어가는 것과 해안의 자연이 사라져가는 것은 떼려야 뗄 수 없는 밀접한 관계를 맺고 있다. 우리는 바다가 지닌 본래의 풍요로움을 유지하고 인류와 바다의 친밀했던 관계를 보여주는 패총을 보존해야만 한다. 패총은 미래의 후손들에게 전해줄 역사 유산일 뿐만 아니라, 앞으로 인류가 바다를 포함한 자연과 어떠한 관계를 맺어나가야 할지를 생각하는 데 중요한 시사점을 제공해주기 때문이다.

반대로 자연 해안이 많은 지역은 다음과 같다.

　　이와테(82.5%), 오키나와(77.0%), 시마네(76.5%), 미야자키(64.1%), 야마가타(63.7%).

옮긴이 주

Ⅰ 패총과 고고학 연구

1 'midden'은 스칸디나비아어에 뿌리를 두고 있는 용어로 '거주 지역에 축적된 물질'이라는 의미를 지니고 있다. 영어에서는 '쓰레기 더미'라는 의미로 사용된다. 따라서 과거인의 생활쓰레기 더미라 할 수 있는 패총을 지칭하는 용어로 midden을 사용하는 것이 적절하다. 영어권에서 shell mound는 일반적인 용어로만 사용되고, 고고학 전문용어로는 shell midden이 가장 보편적으로 사용된다. 최근에는 패총 가운데 도구 제작의 부산물로 이루어진 유적 등 식생활과는 관련이 없는 예도 있음을 인식하여, 이러한 다양한 성격을 모두 아우를 수 있는 shell-bearing site, shell matrix site라는 용어를 사용하는 예가 늘고 있다(Claassen 1998). 우리나라에서는 패총, 이에 대한 한글 표현으로 조개무지, 조개무덤, 조개더미 등이 사용되고 있다.

2 인간이 패류를 사용하기 시작한 가장 오래된 고고학적 증거는 약 30만 년 전에 형성된 프랑스의 테라 아마타Terra Amata 유적에서 나타난다(Lumley 1972). 13만~3만 년 전의 남아프리카의 동굴 및 야외 유적, 5만~4만 년 전 스페인의 칸타브리아Cantabria 해안 등에서도 패류를 획득하여 섭취하였던 증거가 보인다. 그러나 이러한 예들은 소량의 패류를 산발적으로 이용하던 것이었을 뿐이며, 인간이 패류를 적극적으로 채집하기 시작한 것은 홀로세Holocene에 들어온 이후부터 지난 1만 년 동안의 일이다. 패총은 1만 년 전부터 유럽, 아시아, 아메리카 등지의 해안 지역에서 동시 다발적으로 형성되기 시작하였다.

3 해퇴란, 해수면이 하강함에 따라 해안선이 멀리 물러나는 현상을 말한다.

4 해진이란, 해퇴와 반대로 해수면이 상승하면서 해안선이 육지 쪽으로 다가오는 현상을 말한다.

5 연어*Oncorhynchus keta*와 송어*Oncorhynchus masou masou*는 두 종 모두 연어과 Family Salmonidae에 속하며 외형이나 습성이 유사하다. 따라서 선각화나 조각 등에 묘사된 형태나, IV부 어골이 전해주는 정보에서 살펴볼 어골魚骨만으로는 둘을 구분하기 어려운 경우가 많다. 이러한 문제 때문에 이 책에서는 구체적인 종을 언급하지 않고 '연어·송어류'라고 표현하고 있다.

6 한반도에서는 서해안과 남해안을 중심으로 다수의 패총이 발견되고 있다. 다른 지역과 마찬가지로 빙하기가 끝나고 홀로세에 들어오면서 패총이 형성되기 시작하였는데, 이제까지 확인된 가장 오래된 패총은 통영 일대의 상노대도 상리 패총, 연대도 패총 등으로 기원전 6,000년 전후에 형성된 것으로 추정된다. 이후 남해안과 인근 도서 지역에 동삼동 패총, 수가리 패총, 범방 패총, 욕지도 패총, 목도 패총, 송도 패총 등 대규모의 패총이 만들어졌다. 이에 비해 서해안에서는 기원전 4,000년 이후에야 패총이 보이기 시작하며 규모도 작은 편이다. 대표적인 유적으로는 연평도 패총, 오이도 패총, 고남리 패총, 가도 패총, 노래섬 패총 등을 들 수 있다.

신석기시대 동안 활발하게 형성되었던 패총은, 청동기시대에 들어서는 거의 찾아볼 수 없다. 이는 패류의 이용이 급격히 감소되었음을 의미하며, 전체적인 생계 경제 양상이 수렵·채집에서 농경으로 변화하면서 일어난 현상으로 보인다. 이후 청동기시대 말부터 남해안 일대를 중심으로 대규모 패총이 다시 나타나기 시작하여, 삼국시대에 이르기까지 지속적으로 형성되었다. 조도 패총, 동래 패총, 양산 패총, 김해 회현리 패총, 성산 패총, 방지리 패총, 늑도 패총, 금평 패총, 군곡리 패총 등이 그 예인데, 신석기시대 패총보다 훨씬 대규모이며 더욱 다양한 수산 자원을 이용하였다는 점이 특징이다. 이들 역사시대 패총의 성격과 생계 경제에 대한 연구는 상대적으로 미진한 편인데, 이처럼 역사시대에 패총이 다시 등장하게 된 것은 농업 경제하에서 보조적인 식량 자원, 기호식품, 교역품 등으로 패류, 어류 등이 이용되었기 때문으로 보인다.

7 대표적인 예가 미한Betty Meehan의 연구로, 그의 저서 *Shell Bed to Shell Midden* (1982)을 비롯하여 Man Does Not Live by Calories Alone(1977), A Matter of Choice? Some Thoughts on Shell Gathering Strategies in Northern Australia(1983) 등의 논문에 내용이 자세히 소개되어 있다.

8 원문 중에 '日本海'로 표기된 것은 '동해'로 번역하였다.

9 무끼미야むきみ屋란, 조갯살 전문 음식점을 말한다.

10 미쿠리야御廚는 천황 등의 왕족과 귀족의 음식을 만들던 기관인데, 이 가운데 나가스長洲에 소재하던 기관이 나가스미쿠리야長洲御廚이다.

11 한국 고고학에서 패총의 분포와 과거 해수면 변동에 따른 지형의 변화를 연관해 살펴본 연구는 많지 않다. 지질학, 해양학 분야에서 고기후 및 고지형에 대한 연구가 활발히 이루어지지 않아, 해수면 변동이나 해안선 변화에 관한 신뢰할 만한 기본 정보가 부족하여 연

구에 어려움이 많은 실정이다. 이런 상황에서 곽종철(郭鍾喆 1991)이 낙동강 하구 지역의 패총 분포를 해수면 변동 및 지형 변화와 연관해 통시적으로 살펴본 연구는 독보적이다. 그는 지형학적 연구 자료와 패총의 분포, 그리고 패총 출토 패류 및 어류 구성을 종합적으로 고찰하여, 신석기시대 중기 이후 해수면이 상승하면서 낙동강 하구역河口域에는 고김해 만古金海灣이 형성되었고 당시의 패총은 고김해 만의 경계를 따라 분포되었음을 밝혔다. 이후 해수면이 하강하여 다시 하구역으로 전환되면서 패총의 패류, 어류 구성이 담수종으로 변화되어가는 양상도 포착하였다.

12 일본 고고학에서는 인골의 형태적 특징을 토대로 인구 집단의 '계통'을 밝히려는 연구 전통이 매우 강하다. 반면, 인골 자료에서 얻을 수 있는 다양한 정보, 예를 들어 인구 구성, 질병, 식생활, 영양 상태 등에 대한 연구는 상대적으로 늦게 시작되었다. 한국 고고학에서는 최근에 이르러서야 인골을 고고학 자료로 제대로 인식하기 시작하였다. 현재 인골에 대한 형질인류학적, 병리학적, 골화학적, 유전적, 인구학적 분석 등이 다양하게 시도되고 있어, 조만간 의미 있는 연구 결과가 발표될 것으로 기대된다. 이 중 패총 출토 인골에 대한 골화학적 분석 결과가 최근 발표되어, 동식물 유존체 분석만으로는 한계가 있는 과거 식생활의 면모를 밝히는 데 중요한 역할을 하고 있다(안덕임 1999, 2006a, 2006b ; 安德任 · 米田穰 · 赤澤威 1990).

13 담수종은 민물에서 서식하는 종, 함수종은 바닷물에 사는 종을 말한다. 순함, 주함, 담함, 주담, 순담은 바닷물과 민물 가운데 어느 쪽이 우세한지를 나타내는 분류 기준이다. 순함은 바닷물로만, 순담은 민물로만 이루어진 지역을 말하며, 민물과 바닷물이 섞이는 기수汽水 지역은 정도에 따라 주함, 담함, 주담으로 나눈다.

14 정량 분석을 할 때 개수를 기준으로 할 것인지 무게를 기준으로 할 것인지, 또한 개수를 산정하는 방법에 있어서도 동정가능표본수NISP로 할 것인지 최소개체수MNI로 할 것인지 등을 결정해야 한다. 어느 방법을 선택하느냐에 따라 종별 백분율이 크게 달라질 수 있기 때문에 자료의 특성을 가장 잘 반영하는 방법을 찾아야 한다. 패각을 정량 분석하는 과정 및 방법에 대한 더 자세한 내용은 「貝殼 자료 분석에 대한 방법론적 고찰」(李俊貞 2002c)에 설명되어 있다.

15 이 책에서 '민족학'이란 문화인류학 연구를 지칭한다. 이와 대비하여 '인류학'은 주로 인골 연구와 연관된 형질인류학 분야에 한정하여 사용하고 있다.

16 성장선 분석법은 유럽, 미국 등지에서 생물학자들이 개발하여 패류 채집과 유적 점유의 계절성에 대한 고고학 연구에 적용되어왔다. 특히 고이케 히로코小池裕子가 백합을 대상으로 시도한 분석은 전 세계적으로 패각의 성장선을 분석하는 데 가장 정교한 분석 방법으로 주목받았다. 고이케의 연구를 가장 일목요연하게 살펴볼 수 있는 저서는 *Seasonal dating by Growth-line Counting of the Clam, Meretrix Lusoria*(Koike 1980)이다.

17 성장선 분석을 통한 채집 계절을 추정하는 것은 김건수(1996, 2001)에 의해 한국 자료에

도 적용된 바 있다. 그러나 고이케를 비롯한 여러 연구자들이 강조한 '동일 지역에서 동일 種種의 현생 패류에 대한 수년간의 자료 축적'이 선행되지 않은 채, 일본의 자료와 비교한 것이어서 신뢰도가 떨어진다는 문제가 있다. 성장선 분석법은 한반도 패총의 대부분을 구성하고 있는 굴에 대하여는 적용하기 힘들어 한국 고고학에서는 활용도가 낮은 편이다. 이에 대한 대안으로 동위원소를 이용하여 계절성을 추정하는 방법이 적용되고 있는데(안덕임 1997 ; 安德任 · 李仁盛 2001 ; Lee 2001), 분석 사례가 아직 적어 정밀성 검증이 이루어지지 않은 상태이다.

II 패총에 대한 여러 가지 측정법

1 원서에는 1.3m³로 표기되어 있으나, 〈표 3〉으로 보아 2.0m³이다.

2 원서에는 0.8m³로 표기되어 있으나, 〈표 3〉으로 보아 1.9m³이다.

3 패총의 체적을 계산하고 이를 통해 패류 자원의 영양량을 구하는 방법은 여러 단계에 걸쳐 검증되지 않은 가정을 전제로 하는 것이어서 보편적으로 활용되지는 않는다. 한국 고고학에서는 고남리 패총에 적용된 바가 있는데, 패류는 전체 필요 열량의 2% 미만을 차지하였던 것으로 계산되었다(An 1991).

4 대표적인 것이 굴이다. 굴은 산란기인 여름 동안에는 독성이 강하고 조갯살이 야위어 식용하지 않는다. 영어권에서는 달의 이름 가운데 알파벳 R이 들어가지 않는 5월부터 8월까지(May, June, July, August)는 굴을 먹어서는 안 된다고 알려져 있다. 한반도의 패총, 특히 신석기시대 패총은 대부분 굴로 이루어져 있는데, 여름을 제외한 기간, 주로 늦가을에서 초봄에 패류 채집이 이루어졌을 것으로 추정하고 있다.

III 패각을 이용한 선사시대 연구

1 국화조개과Family Spondylidae에 속하는 조개 가운데 에게 해에 서식하는 종으로, 가리비와 유사한 형태이다. 한반도 연안에서 발견되는 국화조개 종류로는 접시국화조개 Spondylus varius, 가시국화조개Spondylus butleri 등이 있는데 주로 남해안과 제주도 해안에 서식한다.

2 짜부락고둥과Family Cerithiidae에 속하는 Cerithium vulgatum으로 그리스 등 지중해 연안 지역의 중석기~신석기시대 패총에서 다량으로 출토되는 종이다.

3 오키나와 지역에서는 주변 산호초 바다에 서식하는 조개를 이용하여 많은 패제품을 제작하였다. 이 지역에 서식하는 조개들은 대부분 재질이 단단하며, 색상이 화려하고 광택이 나는 것이 특징인데, 패제품 재료로 이용된 조개가 100여 종에 이른다. 이 가운데 가장 빈번히 사용된 것이 이모가이와 고호우라이다(사진). 이모가이는 내해에, 고호우라는 외해

에 서식하는 권패류로 주로 조개 팔찌를 비롯한 각종 장신구 제작에 많이 이용되었다. 오키나와 패제품에 대하여는『한국―일본 오키나와의 조개제품을 통한 선사시대 문화의 재발견』(국립제주박물관 2005)을 참조할 것.

이모가이   고호우라

4 오키나와 제도의 여러 섬 및 주요 유적의 위치는 다음 지도를 참조할 것.

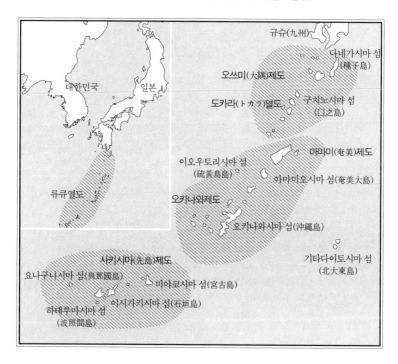

5 패찰은 조개호신부(패부貝符)라고도 불리는데, 장신구였던 것으로 추정된다(사진).

● 다네가시마 섬 히로다 유적 출토 조개호신부

6 단페이키사고는 비단고둥의 일종으로, 학명은 *Umbonium giganteum*이다. 일본 각지의 얕은 바다의 사질토 내에 서식하고 있다. 한반도에서는 발견된 예가 없고, 대신 남해안 일대에 비단고둥*Umbonium costatum*이 서식하고 있다.

7 한반도 패총의 대부분을 차지하는 굴의 크기를 측정하여, 당시의 환경이나 사람들의 채집 활동을 복원한 연구가 축적되고 있다. 먼저 지역별로 살펴보면, 남해안 신석기시대 패총에서 출토되는 굴은 평균 높이가 70~80mm에 달하는 데 반해, 서해안의 굴은 45~55mm에 불과하다(李俊貞 2002a, 2002b, 2006 ; An 1991). 이는 서식 환경이 서로 달라 자연 상태의 굴 크기에 차이가 있었기 때문이다. 한편, 일부 유적에서는 시간이 흐르면서 패각의 크기가 감소하는 것으로 나타났다(李俊貞 2002a ; An 1991). 이는 환경 변화로 인해 자연 상태의 굴 크기에 변화가 일어난 것일 수도 있으나, 집중적인 채집으로 인해 더 이상 일정 크기 이상만 계획적으로 채집하기 어려워졌기 때문일 가능성도 높다.

8 미한Betty Meehan은 수개월 동안 안바라 족의 생활상을 관찰한 후, 패류를 채집하여 식용한 뒤 남은 패각을 폐기한 결과 형성되는 유적의 종류를 야영지 유적dinnertime camp, 가공 유적processing site, 거주 유적home base 세 가지로 구분하였다. 이 가운데 야영지 유적이란, 패류를 채집한 해안가에서 바로 섭취한 결과 형성되는 유적이다(Meehan 1982). 다양한 패총 유적의 성격과 이를 고고학 연구에 적용하는 방법에 관해서는 「패총 유적의 機能에 대한 고찰」(李俊貞 2002d)에 자세히 설명되어 있다.

9 최근 서울대학교 박물관에서 조사한 인천 용유도의 을왕동에서는 지름 150cm, 퇴적 두께

30cm 내외의 소규모 패각더미 10여 개가 발견되었는데, 야영지 유적일 가능성이 높다(李俊貞 2006).

10 한藩은 에도시대의 행정 단위로 현재의 현縣에 해당한다. 쌀의 수확량을 표시하는 석石은 당시의 지배계급인 다이묘가 소유한 토지 크기를 표시하는 단위로 사용되었다. 시모야시키下屋敷는 다이묘의 별장을 말한다.

11 「쇼루이아와레미노레이生類憐みの令」는 동물을 죽이지 말라는 장군의 명령이며, 오후레お觸れ는 일종의 고지告知이다.

12 장비고둥속Pseudoliotia에 속하는 해산 미소권패류로, 한반도 해역에서는 현생종이 파악된 바가 없어 한글 이름이 주어지지 않은 상태이다. 이와 유사한 종인 장비고둥Pseudoliotia micans이 남해안, 서해안 등지에 서식하고 있다.

13 밤달팽이과Helixarionidae에 속하는 육산미소권패류의 일종. 한반도에서는 확인되지 않은 종이다.

14 한국 고고학에서도 패총에서 출토된 미소권패류에 대한 연구가 진행되고 있다. 동삼동 패총, 수가리 패총, 연대도 패총, 구평리 패총, 오이도 패총에서 출토된 육산 미소권패류를 분석함으로써, 유적 주변의 환경이 원래 산림 지역이었으며 일부는 사람들의 활동이 증가하면서 개방 지역으로 변화되어갔음을 밝힌 바 있다(안덕임 1993b, 1993c, 2001).

IV 어골이 전해주는 정보

1 고구마 형태로 바닥이 납작한 빵.

2 I부의 옮긴이 주 5를 참고할 것.

3 한반도의 중부 동해안 지역에도 연어 자원을 토대로 한 생계 방식이 신석기시대 전기 동안 성행했었다는 주장이 있다(송은숙 2006). 환동해권의 아무르 강 유역과 동일본에서 연어가 출토되고 있는 점으로 보아 가능성이 전혀 없지는 않으나, 구체적인 고고학 증거를 제시하지 않은 주장이라 한계가 있다. 동해안 지역에는 패총이 형성되지 않아, 연어 어골을 찾아내어 이를 증명하기가 힘들다.

4 한국 고고학에서는 어골 자료를 체계적으로 수습하고 동정하여, 이를 토대로 과거의 생계 양식과 어로 활동 등을 복원하는 작업이 아직 활발하게 이루어지지 못하고 있다. 어골 자료 분석은 고도의 전문성과 오랜 기간 세밀하게 작업을 진행해야 하는 인내력이 요구되어 아직 전문가가 많지 않다. 지금까지 진행된 연구 중 김건수(1999), 안덕임(1993a)의 연구가 대표적이다. 최근 연평도 패총에서 출토된 어골 자료를 체계적으로 분석하여 유적 간의 생계·주거 체계에 대해 살펴본 김은영(2006)의 연구는 앞으로 어골 자료를 더욱 적극적으로 활용할 수 있는 가능성을 제시해 주목된다.

5 원문에는 '소이ソイ'라고 되어 있는데, 이는 볼락의 일종인 누루시볼락Sebastes vulpes 에 해당한다.

6 한국 고고학에서는 아직 미세한 자료에 대한 인식이 부족하여 표본시료를 체계적으로 채 취하는 예가 드물다 보니, 이러한 미소 어골은 거의 발견되지 않는다. 고남리 패총에서는 멸치, 정어리 등의 치어가 소량 발견된 예가 있는데, 방어ㆍ상어 등이 어획되면서 그 내장 에 있던 것이 남은 것으로 보고 있다(안덕임 1993a).

7 형인 우미사치히코와 동생인 야마사치히코에 관한 설화이다. 형은 바다낚시에 능하였고 동생은 동물 사냥에 재주가 있었는데, 어느 날 형제가 서로 도구를 바꾸어 상대의 일을 하 러 갔다가 동생이 형의 낚싯바늘을 잃어버리면서 일어나는 일에 관한 이야기이다.

8 에도시대의 식생활에 대한 사전으로 1695년에 제작되었다.

9 헤이안시대의 율령 시행 세칙으로, 905년에 편찬하기 시작하여 927년에 완성되었다. 후 대 일본의 율령정치의 기본법이 되었다.

10 참돔은 한반도의 신석기시대에도 매우 애호되던 어류였을 것으로 추정되는데, 어골이 확 인된 패총에서는 빠지지 않고 출토되고 있기 때문이다. 특히 최근 조사된 연평 모이도 패 총에서는 출토된 어골의 90% 이상을 참돔이 차지하고 있어 특징적이다. 총 2,113개체의 참돔 어골이 확인되었는데, 이는 최소 154마리에 이르는 양이다(李俊貞ㆍ金殷暎 2007).

11 한국 고고학에서 참돔뼈를 이용하여 길이 복원을 시도한 예는 단 두 건에 불과하다. 아카 자와(赤澤 1969)의 자료를 이용하여 고남리 패총에서 출토된 참돔의 몸길이를 복원한 결 과 대부분 25~55cm 범위이며, 40cm 전후가 가장 많은 것으로 드러났다(안덕임 1993a). 모이도 패총의 참돔은 이보다 훨씬 커서 45~65cm 범위이며, 55cm 전후의 개체가 가장 많았다(金殷暎 2006).

참고문헌

甲野勇, 1935, 「關東地方に於ける繩紋式石器時代文化の變遷」, 『史前學雜誌』 7-3.

高山純, 1974, 「サケ・マスと繩文人」, 『季刊人類學』 5-1.

芹澤長介, 1960, 『石器時代の日本』, 築地書館.

金子浩昌, 1965, 「貝塚と食料資源」, 『日本の考古學 II：繩文時代』, 河出書房.

大山柏, 1927, 『神奈川縣新磯村勝坂遺物包含地調查報告』, 史前學會小報 1.

────, 1931, 「ブタイ」, 『史前學雜誌』 4-3・4.

────, 1937, 「千葉縣一宮町貝殼塚貝塚調查報告」, 『史前學雜誌』 9-5.

大山柏 외, 1933, 「東京灣に注ぐ主要溪谷に於ける繩文式石器時代の編年學的研究予報」(第1 編), 『史前學雜誌』 3-6.

渡邊誠, 1967, 「日本石器時代文化研究におけるサケ・マス論の問題點」, 『古代文化』 18-2.

東京大學文學部, 1979, 『向ケ丘貝塚』.

東木龍七, 1926, 「地形と貝塚分布より見たる關東低地の舊海岸線」, 『地理學評論』 2-7～9.

藤森榮一 編, 1965, 『井戸尻』, 中央公論美術出版.

藤間生大, 1951, 『日本民族の形成』, 岩波書店.

鈴木公雄, 1979a, 「貝塚の調查」, 『自然科學と博物館』 46-4.

────, 1979b, 「繩文時代論」, 『日本考古學を學ぶ (3)：原始古代の社會』, 有斐閣.

────, 1984a, 「魚骨の研究」, 『考古學ジャーナル』 227.

────, 1984b, 「日本の新石器時代」, 『講座日本歷史 1：原始・古代』, 東京大學出版會.

────, 1985, 「繩文貝塚の規模」, 『日高見國－菊池啓治郎學兄還曆記念論文集』.

────, 1988, 『考古學入門』, 東京大學出版會.

鈴木公雄 외, 1980, 「先史時代遺跡における魚骨標本の組成に關する基礎研究」, 『自然科學の 手法による遺跡古文化財等の研究, 總括報告書』.

麻市台1丁目遺跡調査會, 1986, 『郵政省飯倉分館構內遺跡』.

灣區教育研究會, 1981, 『伊皿子貝塚遺跡』.

山內清男, 1934, 「貝塚は何故日本海沿岸に少いか」, 『ドルメン』 3-9.

———, 1964, 「日本先史時代槪說」, 『日本原始美術』 1, 講談社.

三島格, 1968, 「彌生時代における南海産貝使用の腕輪」, 金關丈夫博士古稀記念委員會 編, 『日本民族と南方文化』, 平凡社.

石毛直道, 1986, 「東アジアの魚醬―魚の發酵製品の研究」, 『國立民族學博物館研究報告』 11-1.

小池裕子, 1973, 「貝類の研究法―貝類採集の季節性について」, 『考古學ジャーナル』 80.

———, 1979, 「關東地方の貝塚遺跡における貝類採取の季節性と貝層の堆積速度」, 『第四紀研究』 17-4.

松川康夫, 1987, 「東京灣の埋立と自然」, 『水質汚濁研究』 10-8.

松村瞭 外, 1932, 『下總姥山に於ける石器時代遺跡』, 東京帝國大學理學部人類學教室研究報告.

松戶市教育委員會, 1937, 『貝の花貝塚』.

岩手縣立博物館, 1987, 『岩手縣野田村根井貝塚發掘調査報告書』, 岩手縣立博物館調査研究報告書 第3册.

櫻井準也, 1987, 「近世大名屋敷における食生活―港區郵政省飯倉分館內遺跡出土の動物遺存體を中心に」, 『史學』 57-1.

遠藤邦彦, 1979, 「遺跡の分布―繩文海進との關連で」, 『自然科學と博物館』 46-4.

赤澤威, 1969, 「繩文貝塚産魚類の體長組成並びにその先史漁撈學的意味」, 『人類學雜誌』 77-4.

田中啓爾, 1957, 『鹽および魚の移入路の研究―鐵道開通以前の內陸交通』, 古今書院.

佐原眞, 1975, 「海の幸と山の幸」, 『日本生活文化史 1:日本的生活の母胎』, 河出書房新社.

酒詰仲男, 1959, 『日本貝塚地名表』, 土曜會.

———, 1961, 『日本石器時代食糧總說』, 土曜會.

直良信夫, 1938, 「史前日本人の食糧文化」, 『人類學先史學講座』 1~3, 雄山閣出版.

千葉縣教育委員會, 1983, 『千葉縣所在貝塚遺跡詳細分布調査報告書』.

千葉縣文化財 センター, 1979, 『千葉縣東南部ニュータウン 7―木戶作遺跡第2次』.

淸野謙次, 1946, 『日本民族生成論』, 日本評論社.

八木奬三郎・下村三四吉, 1894, 「下總國阿玉台貝塚探究報告」, 『東京人類學會報告』 9-101.

坪井淸足, 1962, 「繩文文化論」, 『舊岩波講座日本歷史 1:原始および古代』, 岩波書店.

品川區教育委員會, 1985, 『東京都品川區大森貝塚』.

戶澤幸夫, 1985, 「もやし初物考」, 『飮食史林』 6.

Coles, J., 1973, *Archaeology by Experiment*(鈴木公雄 譯, 1977, 『實驗考古學』, 學生社).

Cook, S. F., 1946, A Reconsideration of Shellmounds with Respect to Population and Nutrition, *American Antiquity* 11(1).

Gifford, E. W., 1916, Comparison of California Shellmiddens, *University of California Publications in American Archaeology and Ethnology*, Vol. 12.

Iijima, T. and C. Sasaki, 1882, Okadaira Shell Mound at Hitachi, *The Science Department, University of Tokyo, Memoir* I-1.

Kishinouye, K., 1911, Prehistoric Fishing in Japan, *Journal of College of Agriculture*, Vol. II, Tokyo University(東京帝國大學農科大學紀要 2卷 7號).

Meehan, B., 1977, Man Does Not Live by Calories Alone: The Role of Shellfish in a Coastal Cuisine, J. Golson, et al., In *Sunda and Sahul*, Academic Press.

Morse, E. S., 1979, Shell Mounds of Omori, *Memoirs of the Science Department, University of Tokyo, Japan*, Vol. I, Part I.

Nelson, N. C., 1910, The Ellis Landing Shellmound, *University of California Publication in American Archaeology and Ethnology*, Vol. 7.

Shackley, M., 1977, *Rocks and Man*(鈴木公雄 譯, 1982, 『石の文化史』, 岩波書店).

Shawcross, W., 1967, An Investigation of Prehistoric Diet and Economy on a Coastal Site at Galatea Bay, New Zealand, *Proceedings of the Prehistoric Society*, Vol. 33.

Suzuki, K., 1986, Volumetry and Nutritional Analysis of a Jomon Shell-Midden, T. Akazawa and M. Aikens, eds., In *Prehistoric Hunter-Gatherers in Japan*, University of Tokyo Press.

한국 패총고고학 관련 참고문헌

이 책에서 다룬 패총고고학 분야의 다양한 방법론은 한국 고고학에도 폭넓게 활용되고 있다. 그러나 이 책에서는 주로 일본의 현황을 다루었으므로, 국내의 패총고고학 연구 현황을 더 자세히 알고 싶어하는 독자들을 위해, 더 읽어볼 만한 글들을 소개한다. 먼저 패총 유적이나 출토 유물을 대상으로 한 국내 논저 가운데 대표적인 것과 옮긴이 주에서 인용한 문헌을 모아 패총 관련 논저로 제시하였다. 또한 국내에서 발간된 패총 유적 발굴보고서 가운데 연구사적 가치가 높거나 이 책에서 다룬 내용과 관련이 깊은 문헌을 선별하여 주요 패총유적 발굴보고서로 소개하였다.

패총 관련 논저

국내 논저

郭鍾喆, 1991, 「洛東江 河口域에 있어서 先史〜古代의 漁撈活動—貝塚貝類를 中心으로 본 一側面」, 『伽倻文化』 3.

국립제주박물관, 2005, 『한국—일본 오키나와의 조개제품을 통한 선사시대 문화의 재발견』.

金建洙, 1996, 「郡谷里貝塚出土 반지락의 季節性 檢討」, 『韓國上古史學報』 23.

———, 1999, 『한국 원시·고대의 어로문화』, 學研文化社.

———, 2001, 「群山 노래섬貝塚 食料資源의 季節性 檢討」, 『韓國新石器研究』 2.

金殷暎, 2006, 「新石器時代 延坪島地域의 生計·住居 體系 研究」, 서울대학교 대학원 석사학위논문.

金子浩昌, 2002, 「韓國 新石器時代 貝塚과 漁撈活動」, 동국대학교 매장문화재연구소 편, 『韓國 新石器時代의 環境과 生業』, 애드웨이.

徐賢珠, 2000,「湖南地域 原三國時代 貝塚의 現況과 形成背景」,『湖南考古學報』11.

송은숙, 2006,「중부 동해안의 신석기문화와 연어잡이」,『南部地方의 新石器文化의 諸問題』(2006년 韓國新石器學會 學術大會 發表資料集), 韓國新石器學會.

신숙정, 1994,『우리나라 남해안지방의 신석기문화 연구』, 학연문화사.

안덕임, 1993a,「물고기유체와 고고학─안면도 고남리 패총 출토자료를 중심으로」,『先史와 古代』4.

──, 1993b,「연대도패총 패각층분석」,『煙臺島』I, 國立晋州博物館.

──, 1993c,「패총 출토 육지달팽이─남해안지방 신석기시대 패총 자료를 중심으로」,『博物館紀要』9, 檀國大學校 博物館.

──, 1996,「유적 출토 동물유체─고남리패총 출토 포유동물을 중심으로」,『韓國上古史學報』23.

──, 1997,「산소동위원소법을 이용한 선사시대 조개채집의 계절성 결정에 관한 연구」,『先史와 古代』8.

──, 1999,「유기물 화학분석법을 이용한 선사시대의 식생활 패턴 기초연구」,『韓國先史考古學報』6.

──, 2001,「오이도 가운데살막패총의 패각층 분석」,『오이도 가운데살막 패총』, 서울대학교 박물관.

──, 2006a,「미량원소분석을 이용한 고남리 및 대죽리유적의 식생활 복원 연구」,『韓國上古史學報』53.

──, 2006b,「동위원소 분석을 통한 식생활 복원 연구─고남리패총을 중심으로」,『韓國上古史學報』54.

安德任·李仁盛, 2001,「酸素同位元素分析을 이용한 大竹里貝塚 조개채집의 季節性 硏究」,『韓國新石器硏究』2.

安德任·米田穰·赤澤威, 1990,「탄소·질소동위원소를 이용한 선사인의 식생활 연구」,『考古學會誌』6.

兪炳一, 2003,「사슴(鹿)의 捕獲과 解體, 그리고 利用에 대한 試論─南海岸의 原三國時代 貝塚資料를 中心으로」,『嶺南考古學』33.

이인성·안덕임·이광식·황정, 1998,「선사시대 패류채집의 계절성연구에 대한 탄소동위원소법 적용」,『韓國上古史學報』29.

李俊貞, 2002a,「駕島貝塚 新石器·靑銅器時代 生計樣式의 變化相」,『韓國新石器硏究』3.

──, 2002b,「남해안 신석기 시대 생계 전략의 변화 양상─패총 출토 동물 자료의 새로운 해석」,『韓國考古學報』48.

──, 2002c,「貝殼 자료 분석에 대한 방법론적 고찰」,『韓國新石器硏究』4.

──, 2002d,「패총 유적의 機能에 대한 고찰─생계·주거 체계 연구를 위한 방법론적 모색」,『韓國考古學報』46.

──, 2006,「용유도 을왕동 패총 貝殼 분석─유적 성격 추정을 중심으로」,『용유도』, 서울대학교박물관.

李俊貞・金殷暎, 2007,『연평도 지역 패총 출토 동물유존체 분석보고서』, 국립문화재연구소.

林尚澤, 1998,「패총 유적의 성격—적응전략과 관련된 유적의 성격을 중심으로」,『科技考古研究』3, 아주대학교박물관.

秋淵植, 1993,「貝塚의 形成過程—水佳里貝塚의 後堆積過程에 대한 검토를 中心으로」,『韓國考古學報』29.

국외 논저

An, Deog-im, 1991, A Study of the Konam-ri Shell Middens, Korea, Ph.D. dissertation, Institute of Archaeology, University of London.

Claassen, C., 1998, *Shells*, Cambridge Manuals in Archaeology, Cambridge: Cambridge University Press.

Koike, Hiroko, 1980, *Seasonal Dating by Growth-line Counting of the Clam, Meretrix Lusoria: Toward a Reconstruction of Prehistoric Shell-collecting Activities in Japan*, Tokyo: University of Tokyo Press.

Lee, June-Jeong, 2001, From Shellfish Gathering to Agriculture in Prehistoric Korea: The Chulmun to Mumun Transition, Ph.D. dissertation, Department of Anthropology, University of Wisconsin-Madison.

Lumley, H. de, 1972, A Paleolithic Camp at Nice, In *Old World Archaeology*, C. Lamberg-Karlovsky, ed., San Francisco: W. H. Freeman.

Meehan, B., 1982, *Shell Bed to Shell Midden*, Canberra: Australian Institute of Aboriginal Studies.

───────, 1983, A Matter of Choice? Some Thoughts on Shell Gathering Strategies in Northern Australia, In *Animals and Archaeology: 2. Shell Middens, Fishes and Birds*, C. Grigson and J. Clutton-Brock, eds., Oxford: BAR.

주요 패총유적 발굴보고서

국립문화재연구소, 2002,『소연평도 패총』.

───────, 2003,『연평 모이도 패총』.

───────, 2005,『대연평도 까치산 패총』.

국립광주박물관, 1989・1990,『突山松島 Ⅰ・Ⅱ』.

國立中央博物館, 1998,『東萊樂民洞貝塚』.

───────, 2004・2005,『東三洞貝塚 Ⅰ・Ⅱ・Ⅲ・Ⅳ』.

慶南考古學研究所, 2003・2006,『勒島貝塚 Ⅰ・Ⅱ・Ⅲ・Ⅳ・Ⅴ』.

朴淳發・林尚澤・李俊貞・金壯錫, 2001,『駕島貝塚』, 忠南大學校博物館・韓國土地公社.

釜山大學校博物館, 1981,『金海水佳里貝塚 Ⅰ』.

손보기, 1982,『상노대도의 선사시대 살림』, 수서원.

任孝宰·朴淳發, 1988,『烏耳島貝塚—新浦洞 A, B貝塚 發掘調查報告』, 서울大學校博物館.

中央文化財研究院, 2004,『東萊 樂民洞 貝塚』.

崔盛洛, 1987, 1988, 1989,『海南郡谷里貝塚 Ⅰ·Ⅱ·Ⅲ』, 木浦大學校博物館·全羅南道·海
        南郡.

崔完奎·金鍾文·李永德, 2002,『노래섬 Ⅰ』, 圓光大學校 馬韓·百濟文化研究所·圓光大學
        校博物館·韓國土地公社.

河仁秀, 1996,『凡方貝塚 Ⅱ』, 釜山廣域市立博物館.

河仁秀·李海蓮·李賢珠, 1993,『凡方貝塚 Ⅰ』, 釜山直轄市立博物館.

韓炳三, 1970,『矢島貝塚』, 國立博物館.

韓炳三·李健茂, 1976,『朝島貝塚』, 國立中央博物館.

漢陽大學校博物館, 1990·1993·1995·1997·1998,『安眠島古南里貝塚』.

韓永熙·任鶴鍾, 1993,『煙臺島 Ⅰ』, 國立晋州博物館·統營郡.

옮긴이 후기

패총과 관련된 분야에 관심을 갖게 된 것은 학부 2학년 때인 1984년, 양양의 오산리 유적 발굴조사에 참가하면서부터이다. 패총은 아니었지만, 동해안 바닷가에 위치한 신석기시대 주거지에서 출토되는 낚시도구들을 보며 과거 사람들이 바다 자원을 어떻게 이용하였는지 궁금해지기 시작하였다. 단순한 호기심은 점점 고고학적 질문으로 발전하여, 마침내 과거 사람들의 생계 경제를 연구하는 쪽으로 전공을 정하게 되었다. 유학을 계기로 동물고고학 분야를 새롭게 접하고 이를 주된 연구방법론으로 삼다 보니, 자연스레 패총 유적을 집중적으로 조사하게 되었다.

박사학위논문 자료를 수집하는 과정에, 마침 논문 주제와 잘 부합되는 성격을 지닌 군산 가도 패총의 발굴조사에 참가하게 되었다. 유난히 춥던 겨울 두 달간 썰물 때 물길이 열려야만 들고날 수 있는 무인도에서 바닷바람을 맞으며 발굴조사를 진행하느라 몸은 고달팠으나, 당시로서는 보기 드문 복합적인 시대상과 문화상을 지닌 유적이었던 터라 그동안 배운 이론과 방법론을 어떻게 적용해볼 수 있을지 기대 반 고민 반으로 시간 가는 줄 몰랐다. 가도 패총 발굴은 패총 유적의 성격과 패총 발굴 방법론에 대해 실질적이고 구체적으로 고민할 수 있었던 소중한 경험이었으며, 이후 패총 유적에 대해 더욱 종합적인 시각을 갖게 되는 계기가 되었다.

지난 5~6년간 전국 각지의 패총 유적을 발굴조사하거나, 또는 출토 자료를 분석하는 데 참가할 기회가 종종 있었는데, 이때마다 발굴 현장에서 만나는 연구자들은 패총의 성격, 형성 과정, 발굴 방법, 자연유물 수습 방법, 각 자료에 적용 가능한 분석법 등 감당할 수 없을 정도로 많은 질문을 쏟아내곤 하였다. 아무래도 한국 고고학계의 관심이 토기, 석기 등 인공유물과 주거지, 분묘 유적에 집중되어 있다 보니, 패총 유적이나 자연유물에 대해서는 기본적인 정보나 지식이 부족한 경우가 많다는 사실을 절감하게 되었다. 그때그때 되도록 자세히 답변하고 설명하려 애써보았지만 수많은 정보를 체계적으로 전달하기에는 역부족이었다. 아무래도 패총 유적과 자연유물에 대해 기본적이고 체계적으로 설명해줄 개론서가 필요하다는 생각에 이르게 되었다.

동물고고학 개론서를 집필해야겠다는 의욕이 앞섰으나 그 방대한 내용을 풀어내기에는 아직 역부족이라는 자각에 뒤로 미루고, 먼저 좋은 안내서를 번역하기로 마음먹었다. 처음 생각한 것은 영문으로 된 서적이었는데, 아무래도 그대로 번역하기에는 한국 고고학의 상황과 맞지 않는 부분이 많아 적절하지 않다는 생각이 들었다. 이때 마침 눈에 들어온 것이 『貝塚の考古學』이었다. 분량이 그다지 많지 않으면서도 패총 유적이 무엇인지, 패총을 통해 어떤 연구를 할 수 있는지, 패총 유적은

어떤 방법으로 발굴조사하면 좋은지 등 기본적인 내용을 두루 포함하고 있을 뿐만 아니라, 패총 유적에서 출토되는 패각, 어골, 동물뼈 자료를 통해 어떤 정보를 얻을 수 있는지에 대해 자세히 설명하고 있어 입문서로 적절하다고 판단되었다. 또한 1950년대 이래 수십 년에 걸쳐 일본 패총 연구를 이끌어온 원로학자 스즈키 기미오鈴木公雄 교수가 자신의 경험을 토대로 일본 사례를 풍부히 다루고 있어, 한국의 패총 연구와 비교하고 적용하기에도 적합하다고 판단하였다.

마침, 서울대학교 박사 과정에 재학 중이던 김성남이 서해안 지역 패총 발굴조사에 참가하면서 함께 발굴에 임하는 후배들과 더불어 패총에 대해 기본적인 지식을 익히기 위해 이 책의 상당 부분을 번역해 놓았다는 사실을 알게 되었다. 이 원고를 토대로 번역되지 않은 부분을 추가하고 역주를 다는 정도면 쉽게 번역본을 출간할 수 있으리라 생각하였으나, 출판을 염두에 두고 번역한 것이 아닌지라 거의 새로 번역하는 과정을 다시 거치게 되었다. 원서의 주석이 비교적 자세한 편이기는 하나, 한국 고고학계의 독자들에게 별도의 설명이 필요한 부분에 대하여는 역주를 추가하였다. 특히 본문에 소개된 연구나 분석 가운데 한국 고고학에서 시행된 예가 있는 경우, 자세히 비교 설명하고자 하였다. 또한 책 말미에는 한국 패총고고학 관련 참고문헌을 수록하여, 이 책의 내용과 비교하고 앞으로 연구를 진행하는 데 도움이 되도록 하였다.

인명, 지명, 유적명을 모두 일본어 발음으로 표기하는 일은 번역 작업만큼이나 많은 시간과 노력이 들었는데, 이 과정에서 도쿄대학교 대학원 신영역창성과학연구과 고환경연구실의 쇼다 신야庄田愼矢 박사가 큰 도움을 주었다. 또한 서울대학교 대학원 고고학 박사 과정의 김은영이 원서에 일본어 일반명으로 표기된 어류, 패류의 학명과 한국어 일반명을 찾아내는 고된 작업을 도와주었다. 두 사람에게 감사의 마음을 전한다. 이 책이 나오기까지의 과정을 뒤돌아보면, 그 누구에게보다도 일조각 편집부에 깊은 감사의 마음을 전하고 싶다. 원서의 그림을 하나하나 다시 작업하여 한층 가독성이 높은 깨끗한 그림으로 재탄생시키고, 원서에 누락된 정보나 잘못된 부분까지 꼼꼼히 잡아내 책의 완성도를 높여주었으며, 번역 과정에서 실수한 내용이나 번역 투의 어색한 문장을 일일이 수정하는 노력을 아끼지 않아주었다. 이런 편집부의 노력으로, 이 번역서가 원서보다도 더 정갈하고 가다듬어진 모습을 갖추게 되었다고 감히 말하고 싶다.

부디 이 책이 발굴조사 현장에서 고민하며 애쓰는 연구자들과 새로운 고고학 연구방법론을 익히고자 노력하는 학생들에게 좋은 길잡이 역할을 하였으면 한다.

2007년 여름
역자를 대표해서 **이준정**

찾아보기

패총의 고고학

1판 1쇄 펴낸날 2007년 7월 25일

지은이 | 스즈키 기미오
옮긴이 | 이준정 · 김성남
펴낸이 | 김시연

펴낸곳 | (주) 일조각
등록 | 1953년 9월 3일 제300-1953-1호(구 : 제1-298호)
주소 | 110-062 서울시 종로구 신문로 2가 1-335
전화 | 734-3545 / 733-8811(편집부)
     733-5430 / 733-5431(영업부)
팩스 | 735-9994(편집부) / 738-5857(영업부)
이메일 | ilchokak@hanmail.net
홈페이지 | www.ilchokak.co.kr

ISBN 978-89-337-0522-3 93900
값 13,000 원

* 옮긴이와 협의하여 인지를 생략합니다.
* 이 도서의 국립중앙도서관 출판시도서목록(CIP)은 e-CIP홈페이지
(http://www.nl.go.kr/cip.php)에서 이용하실 수 있습니다.
(CIP제어번호 : CIP2007002038)